絶対『英語の耳』になる!
N(ニュ)E(ー)W(ズ)Sリスニング
超難関トレーニング50

長尾和夫＋アンディ・バーガー ●著

三修社

Preface
はじめに

　本書は、好評をいただいている「絶対『英語の耳』になる!」シリーズの第5作目、「ニュース英語聴き取り編」として企画されました。

　一般的に、日本人学習者がニュース英語のリスニングを難しいと感じるのは、次の2点の大きな障害が待ち受けているからです。

❶ ニュースのボキャブラリーには、学校英語で学習しなかった特殊なものが数多くあり、耳慣れない単語やフレーズが頻出する。
❷ ニュースが読まれる速度が非常に高速であるため、ネイティヴ独特の音声変化が頻出する。音の脱落や連結などが、ひとつのニュースの中でも数多くまた重なり合って登場する。

　これらの障害のため、ニュース英語の聴き取りは、日本人には非常にハードルの高いものになっていると言えるでしょう。

　本書は、この2つの問題点を同時に克服していただくために、ニュースの極端な音声変化に慣れるとともに、時事英語の多様なボキャブラリーも身につけられる構成となっています。社会・政治・経済・文化・事故・災害など、多岐にわたる代表的なニュースを50本用意し、各ニュースでは、次の5つのステージをこなしながら学習を進めていく仕組みです。

- Stage 01　　穴埋めニュース・リスニング
- Stage 02　　ニュース・ボキャビル
- Stage 03　　日本語トランスレーション
- Stage 04　　英文トランスクリプション
- Stage 05　　音声変化をチェック

　本書で特徴的な学習法は、同じニュースの音声を、5つのステージで繰り返し聴き直すことです。Stage 01 では予備知識なしで聴き取りを行い穴埋め問題を解く、Stage 02 では、ボキャブラリーをチェックしてから再度の聴き取り、Stage 03 では日本語で意味を確認してからの聴き取り、Stage 04 では英文を確認してからの聴き取り、最後の Stage 05 では、音声変化のルールを確認してからの聴き取りと、多様なトレーニングを提供しています。

このように5つのステージで重層的なリスニング学習を繰り返すことで、英文ニュースの聴き取りに慣れてもらうことが本書の主眼なのです。

　音声CDには、
　　（1）ナチュラルスピードのニュース（英語音声）
　　（2）ボキャブラリー（英語／日本語音声）
　　（3）音声変化スロー／ナチュラル（英語音声）
の3種類の音を収録しておきました。

　また、本書の50のニュースの内容は典型的なニュースを多く収録するためにフィクションとなっており、実際のニュースではありません。登場する人物名・会社名・国名・役職名・数値・日時・事故・事件などはすべて架空のものです。

　本書で50のニュースの学習を終えると、1000語近くのニュースの代表的なボキャブラリーが身につきます。また、エクササイズに登場する700〜800の音声変化に耳慣らしすることで、ニュースの中での英語の多様な音声変化にも十分な耳慣らしが可能です。

　本書が、読者のみなさんの「ニュース英語の耳」を徹底的に鍛え上げ、ニュースのリスニング力の大きな向上のお役に立てたとすれば著者としてこれ以上のよろこびはありません。

　最後になりますが、本書の実現にご尽力いただいた三修社のスタッフのみなさんへの感謝の気持ちをここにお伝えしておきます。

A+Café 代表 長尾和夫
2012年元旦

Contents — 50 News Casts

はじめに 2
本書の使い方 6

News 01 話題 **Plans For World's Tallest Building Unveiled**
「世界最高のビル建設計画を発表」 10

News 02 話題 **World's Oldest Person Celebrates Birthday**
「世界最高齢の誕生日を祝う」 14

News 03 社会 **AT Workers Begin Strike**
「AT 労働者がストを開始」 18

News 04 訃報 **Famous Lady Spy Dies**
「有名な女性スパイの死」 22

News 05 経済 **Shopping Mall Fails to Attract Business**
「ショッピングモールへの誘致、失敗に」 26

News 06 文化 **"Nativist" Artist Retrospective**
「先住民芸術家の回顧展」 30

News 07 スポーツ **Sharks Crush Barons to Take Lead**
「シャークスがバロンズを叩きリード」 34

News 08 文化 **Avatar's Latest Guarantees to Thrill**
「アバターの最新作、大興奮間違いなし」 38

News 09 金融 **Strong Yen Weakens Japan**
「円高で疲弊する日本」 42

News 10 経済 **BRICs on the Rise**
「台頭するブリックス」 46

News 11 政治 **Parliament Member Causes Islamic Furor**
「国会議員にイスラムの怒り」 50

News 12 経済 **German Beer Sales Decline**
「下降するドイツのビール販売」 54

News 13 社会 **Two Fatality Crash in Joplin County**
「ジョプリン郡の事故で死者2名」 58

News 14 社会 **Man Charged in Child Murder Case**
「子供の殺害で男性を告発」 62

News 15 社会 **Less Fines for Copyright Infringement**
「低下する著作権侵害の科料」 66

News 16 社会 **Settlement Reached in Malpractice Suit**
「医療過誤裁判で示談が成立」 70

News 17 社会 **Banker Charged with Tax Evasion**
「脱税で銀行員を告訴」 74

News 18 科学 **New "Dark" Planet Discovered**
「"暗い" 新天体を発見」 78

News 19 科学 **Italian Firm Promises Cold Fusion**
「イタリア企業、常温核融合へ」 82

News 20 経済 **Alternative Energy Industry Performing Well**
「好調続く代替エネルギー産業」 86

News 21 政治 **Rebels Take Sandarian Capital**
「反乱軍、サンダリアンの首都を占拠」 90

News 22 文化 **Walkathon to Benefit Dog Shelters**
「ドッグ・シェルターのためのチャリティー・ウォーク」 94

News 23 スポーツ **Esqualez Tests Positive for Steroids**
「エスクェイレス、ステロイドで陽性反応」 98

News 24 文化 **"King's Announcement" Big Winner**
「『王の宣言』が大賞を受賞」 102

News 25	話題	**Starlet Gets Serious with Boyfriend** 「スターレットと彼氏の真剣な交際」 106
News 26	経済	**U.S. Strengthens Economic Ties to 3 Countries** 「3 カ国と経済協力を強めるアメリカ」 110
News 27	金融	**Dow Up Slightly** 「ダウ、小幅に上昇」 114
News 28	政治	**Budget Negotiations Deadlocked** 「行き詰まった予算交渉」 118
News 29	政治	**Keeonala 1st Female Barsi PM** 「キーオナラ、バージナム初の女性首相に」 122
News 30	政治	**Japanese PM to Step Down** 「日本の首相、辞任へ」 126
News 31	企業	**Priemus Still World's Most Fuel Efficient** 「プリマスの燃費は、いまだに世界一」 130
News 32	科学	**Earliest Life Forms Sulfur-Based** 「硫黄組成の最初の生命体」 134
News 33	経済	**Economic Times Newspaper in Trouble** 「苦境に立つエコノミック・タイムズ紙」 138
News 34	企業	**IBMC Comes On Strong** 「好調な動きを見せる IBMC」 142
News 35	社会	**Anti-Disaster Plan Needed** 「必要とされる災害対策プラン」 146
News 36	話題	**Elbe River Vacation Tour** 「エルベ河の休暇ツアー」 150
News 37	話題	**New Zone at AndyLand** 「アンディランドに新エリア誕生」 154
News 38	文化	**Niah Caves Applies for World Heritage Status** 「ニア・ケイブ、世界遺産登録を申請」 158
News 39	社会	**Protest Against Tuition Increase** 「学費値上げへの抗議」 162
News 40	教育	**Job Placement Varies Among Universities** 「就職の大学間格差」 166
News 41	教育	**Stanford Named Top B-School** 「スタンフォードがトップ・ビジネススクールに」 170
News 42	天候	**Sarah Heads For U.S. Coast** 「サラ、アメリカ沿岸部へ針路」 174
News 43	災害	**Town Devastated by Killer Tornado** 「町が殺人竜巻で壊滅」 178
News 44	天候	**Temperatures to Soar on Weekend** 「週末は気温が一気に上昇」 182
News 45	健康	**Depressed? Have Some Chocolate!** 「憂鬱な気分にはチョコレートを！」 186
News 46	健康	**Cure for Cancer Still Long Way Away** 「ガン治療へのいまだに遠い道のり」 190
News 47	健康	**World's Healthiest Countries** 「世界でもっとも健康な国々」 194
News 48	スポーツ	**Cheltenham Moves Into 3rd Place** 「チェルトンハム、3位の座に」 198
News 49	経済	**How Low Can the Dollar Go?** 「ドルはどこまで下落するか？」 202
News 50	政治	**Terrorism Plot Foiled** 「阻止されたテロ計画」 206

How to Use
本書の使い方

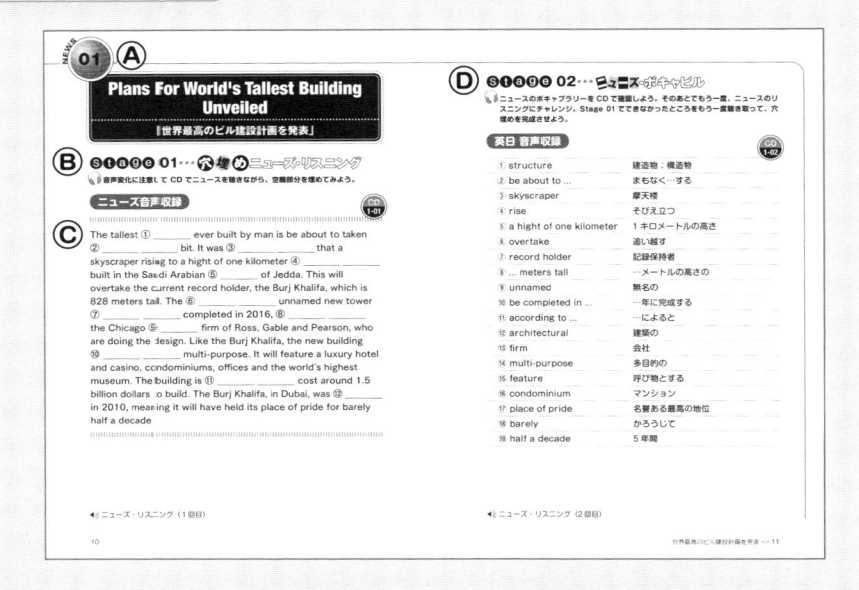

A: ニュース番号とニュースの見出し
　ニュースの番号と見出しを掲載してあります。見出しから大まかな内容を推測して、リスニングを開始しましょう。

B: Stage 01: 穴埋めニューズ・リスニング
　まず最初のステージでは、CDを聴きながら空欄部分を穴埋めしてみましょう。空欄部分には音声変化を含む英単語や英語のフレーズが入っています。
　一度で聴き取れなかった場合は、もう一度、聴き直してみてもいいでしょう。

C: 空欄付きニュース原稿
　① ～ ⑫ の番号の後ろの空欄を穴埋めしてみましょう。

D: Stage 02: ニューズ・ボキャビル
　ここでは、Stage 01 のニュース内に登場した語句をチェックしましょう。ニュースに頻出する英単語とその日本語訳を簡潔にまとめてあります。CDにも英語と日本語の両方の音声が入っていますので、書籍を持ち歩かずに学習をすることも可能です。
　単語学習を終えたら、もう一度 Stage 01 に立ち戻って音声を聴き直してみましょう。聴解力が単語を知っている場合と知らない場合にどのように異なるか実感できると思います。

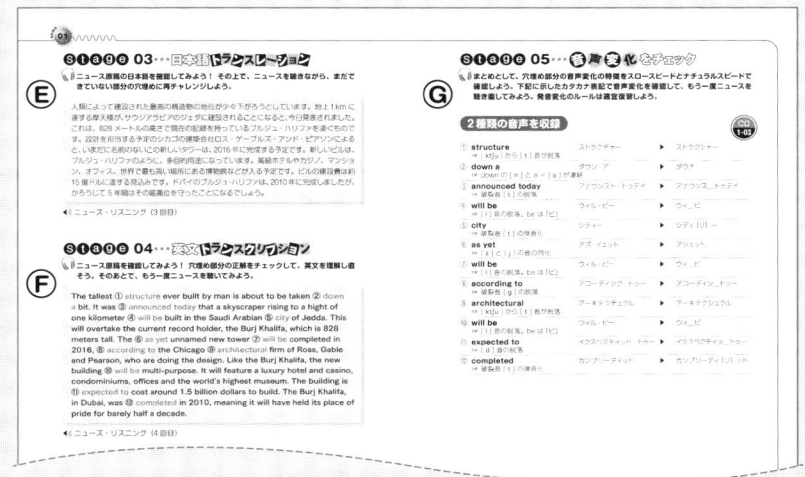

E: Stage 03: 日本語トランスレーション

　このステージでは、ニュースの英語の日本語訳を頭に入れてみましょう。ニュースの内容を理解した上で、もう一度ニュースを聴き直すことで、余裕をもって音声に集中できるようになり、一段と聴き取りがしやすくなります。

F: Stage 04: 英文トランスクリプション

　Stage 04 は英文ニュースをすべて文字にして書き出してあります。穴埋めできていなかったところも文字でチェックしてみてから、もう一度ニュース音声を聴き取ってみましょう。さらに格段に英文がよく聴き取れると感じると思います。

G: Stage 05 音声変化をチェック

　Stage 05 は、ニューズ・リスニングのまとめとして、空欄部分の音声を、変化していないスロー・スピードの音声と変化後のナチュラル・スピードの音声の両方で収録してあります。

　テキストでは、左から順に
【英語の語句】ー【変化前の音声のカタカナ】ー【変化後の音声のカタカナ】
の順で示してあります。また、次の行では ☞ マークのあとに【音声変化のルール】を簡潔に解説しておきました。

　このステージで、音声変化にさらに耳慣らししてから、最後にもう一度ニュースの聴き取りにチャレンジしてみましょう。

　学習の順番はみなさんの考えで変更していただいてもいいでしょう。本書の狙いはあくまでもボキャブラリーと音声変化の法則を身につけながらニュースに耳慣らししていくことなのです。その点をしっかり頭に入れて学習を進めてください。

本書に登場するルールの用語

　本書では発音のルールを説明するために、次の6つの用語をおもに用いています。本文の CD 音声を聴きながら、以下の用語を実地で確認していきましょう。

❶ **脱落**：英語の音の一部が消えてなくなる場合に「脱落」という言葉で説明しています。例えば、good boy の good では [d] の音が脱落してなくなり、「グッ＿ボーイ」のように発話される傾向にあります。

❷ **連結**：英語の音声の中で子音と母音が連続する場面では、音の連結が頻繁に生じます。リエゾンとも呼ばれます。例えば、on it「オン・イット」の [n] の音に it の [ɪ] の音が連なって「オニット」といった発音に変化しますが、これを連結として説明しています。

❸ **弾音化**：英語の破裂音 [t] や [d] などに母音が連なっているところで、よくこの弾音化が起こります。例えば、get away では、get の [t] に away の先頭の母音 [ə] が連なっていますが、この [tə] の部分が [タ] ではなく [ダ] や [ラ] に近い弾くような音に変化してしまいます。「ゲッタウェイ」ではなく「ゲッダ [ラ] ウェイ」のように聴こえるとき、これを弾音化していると言います。

❹ **同化**：同化とは、2つの音が混じり合って、元の音とは別の音になってしまうことです。例えば、meet you では、meet 末尾の [t] の音と you の頭の [j] が混じり合って別の「チュ」といった音に変化します。

❺ **声門閉鎖音化**：声門閉鎖音化とは、button のような単語で [tn] が連続する場面などで生じます。この場合、[t] の音が変化して「バトゥン」ではなく、「バンン」のように聴こえる発音になります。このとき、喉の声門が咳払いをする直前のような状態で閉じられているため、この音声変化を声門閉鎖音化と呼んでいます。

Your New English Ears
— News Casts —

絶対『英語の耳』になる！
NEWS リスニング ◆ 超難関トレーニング 50

Plans For World's Tallest Building Unveiled

「世界最高のビル建設計画を発表」

stage 01···穴埋めニュース・リスニング

音声変化に注意してCDでニュースを聴きながら、空欄部分を埋めてみよう。

ニュース音声収録

The tallest ① _____ ever built by man is about to be taken ② _____ _____ bit. It was ③ _____ _____ that a skyscraper rising to a height of one kilometer ④ _____ _____ built in the Saudi Arabian ⑤ _____ of Jedda. This will overtake the current record holder, the Burj Khalifa, which is 828 meters tall. The ⑥ _____ _____ unnamed new tower ⑦ _____ _____ completed in 2016, ⑧ _____ _____ the Chicago ⑨ _____ firm of Ross, Gable and Pearson, who are doing the design. Like the Burj Khalifa, the new building ⑩ _____ _____ multi-purpose. It will feature a luxury hotel and casino, condominiums, offices and the world's highest museum. The building is ⑪ _____ _____ cost around 1.5 billion dollars to build. The Burj Khalifa, in Dubai, was ⑫ _____ in 2010, meaning it will have held its place of pride for barely half a decade.

◀)) ニュース・リスニング（1回目）

Stage 02 … ニュース・ボキャビル

ニュースのボキャブラリーを CD で確認しよう。そのあとでもう一度、ニュースのリスニングにチャレンジ。Stage 01 でできなかったところをもう一度聴き取って、穴埋めを完成させよう。

英日 音声収録

① structure	建造物；構造物
② be about to ...	まもなく…する
③ skyscraper	摩天楼
④ rise	そびえ立つ
⑤ a height of one kilometer	1 キロメートルの高さ
⑥ overtake	追い越す
⑦ record holder	記録保持者
⑧ ... meters tall	…メートルの高さの
⑨ unnamed	無名の
⑩ be completed in ...	…年に完成する
⑪ according to ...	…によると
⑫ architectural	建築の
⑬ firm	会社
⑭ multi-purpose	多目的の
⑮ feature	呼び物とする
⑯ condominium	マンション
⑰ place of pride	名誉ある最高の地位
⑱ barely	かろうじて
⑲ half a decade	5 年間

◀)) ニューズ・リスニング（2 回目）

stage 03 … 日本語トランスレーション

ニュース原稿の日本語を確認してみよう！ その上で、ニュースを聴きながら、まだできていない部分の穴埋めに再チャレンジしよう。

人類によって建設された最高の構造物の地位が少々下がろうとしています。地上1kmに達する摩天楼が、サウジアラビアのジェダに建設されることになると、今日発表されました。これは、828メートルの高さで現在の記録をもっているブルジュ・ハリファを凌ぐものです。設計を担当する予定のシカゴの建築会社ロス・ゲーブルズ・アンド・ピアソンによると、いまだに名前のないこの新しいタワーは、2016年に完成する予定です。新しいビルは、ブルジュ・ハリファのように、多目的用途になっています。高級ホテルやカジノ、マンション、オフィス、世界で最も高い場所にある博物館などが入る予定です。ビルの建設費は約15億ドルに達する見込みです。ドバイのブルジュ・ハリファは、2010年に完成しましたが、かろうじて5年間はその最高位を守ったことになるでしょう。

ニューズ・リスニング（3回目）

stage 04 … 英文トランスクリプション

ニュース原稿を確認してみよう！ 穴埋め部分の正解をチェックして、英文を理解し直そう。そのあとで、もう一度ニュースを聴いてみよう。

The tallest ① structure ever built by man is about to be taken ② down a bit. It was ③ announced today that a skyscraper rising to a height of one kilometer ④ will be built in the Saudi Arabian ⑤ city of Jedda. This will overtake the current record holder, the Burj Khalifa, which is 828 meters tall. The ⑥ as yet unnamed new tower ⑦ will be completed in 2016, ⑧ according to the Chicago ⑨ architectural firm of Ross, Gable and Pearson, who are doing the design. Like the Burj Khalifa, the new building ⑩ will be multi-purpose. It will feature a luxury hotel and casino, condominiums, offices and the world's highest museum. The building is ⑪ expected to cost around 1.5 billion dollars to build. The Burj Khalifa, in Dubai, was ⑫ completed in 2010, meaning it will have held its place of pride for barely half a decade.

ニューズ・リスニング（4回目）

Stage 05 ・・・ 音声変化をチェック

まとめとして、穴埋め部分の音声変化の特徴をスロースピードとナチュラルスピードで確認しよう。下記に示したカタカナ表記で音声変化を確認して、もう一度ニュースを聴き直してみよう。発音変化のルールは適宜復習しよう。

2種類の音声を収録

① **structure** ストラクチャー ▶ ストラクシャー
☞ [ktʃu] から [t] 音が脱落

② **down a** ダウン・ア ▶ ダウナ
☞ down の [n] と a = [ə] が連結

③ **announced today** アナウンスト・トゥデイ ▶ アナウンス_トゥデイ
☞ 破裂音 [t] の脱落

④ **will be** ウィル・ビー ▶ ウィ_ビ
☞ [l] 音の脱落。be は「ビ」

⑤ **city** シティー ▶ シディ [リ] ー
☞ 破裂音 [t] の弾音化

⑥ **as yet** アズ・イェット ▶ アジェット
☞ [z] と [j] の音の同化

⑦ **will be** ウィル・ビー ▶ ウィ_ビ
☞ [l] 音の脱落。be は「ビ」

⑧ **according to** アコーディング・トゥー ▶ アコーディン_トゥー
☞ 破裂音 [g] の脱落

⑨ **architectural** アーキテクチュラル ▶ アーキテクシュラル
☞ [ktʃu] から [t] 音が脱落

⑩ **will be** ウィル・ビー ▶ ウィ_ビ
☞ [l] 音の脱落。be は「ビ」

⑪ **expected to** イクスペクティッド・トゥー ▶ イクスペクティッ_トゥー
☞ [d] 音の脱落

⑫ **completed** カンプリーティッド ▶ カンプリーディ [リ] ッド
☞ 破裂音 [t] の弾音化

◀)) ニューズ・リスニング（5 回目）

World's Oldest Person Celebrates Birthday

「世界最高齢の誕生日を祝う」

Stage 01 … 穴埋めニュース・リスニング

音声変化に注意してCDでニュースを聴きながら、空欄部分を埋めてみよう。

ニュース音声収録

① _____ 15 to ② _____ ③ _____ _____ relatives gathered in Georgia, USA, to celebrate the birthday of Natasha Carroll. She is the world's ④ _____ _____ . Carroll turned 115 on Friday, September 23rd. Her ⑤ _____ Edith Carroll said the group gathered at St. Rachel's Nursing Home. Natasha ⑥ _____ _____ small ⑦ _____ ⑧ _____ _____ cake and moved to the music as a children's band played "You Are My Sunshine." Ms. Carroll was ⑨ _____ _____ Tennessee in 1896 and ⑩ _____ _____ Georgia during World War One, where she worked as a teacher. She has 16 ⑪ _____ and ⑫ _____ _____ two dozen ⑬ _____ and great-great-grandchildren. Her husband, Randall, died in 1963. Ms. Carroll was officially listed as the world's oldest ⑭ _____ _____ in January ⑮ _____ _____ .

ニュース・リスニング（1回目）

Stage 02 … ニュース・ボキャビル

🎧 ニュースのボキャブラリーを CD で確認しよう。そのあとでもう一度、ニュースのリスニングにチャレンジ。Stage 01 でできなかったところをもう一度聴き取って、穴埋めを完成させよう。

英日 音声収録

① relatives	親類
② gather	集まる
③ celebrate	祝う
④ turn ...	…歳になる
⑤ daughter-in-law	義理の娘
⑥ nursing home	老人ホーム
⑦ ... small slices of ...	…枚の…の小片
⑧ move to ...	…に合わせて動く
⑨ sunshine	陽光
⑩ be born in ...	…年に生まれる（…[場所]に生まれる）
⑪ World War One	第一次世界大戦
⑫ grandchildren	孫
⑬ ... dozen	…ダースの
⑭ great-grandchildren	ひ孫
⑮ great-great-grandchildren	玄孫（やしゃご）
⑯ officially	公式に
⑰ be listed	登録される
⑱ living person	存命の人物

🔊 ニュース・リスニング（2 回目）

Stage 03 … 日本語トランスレーション

🎧 ニュース原稿の日本語を確認してみよう！ その上で、ニュースを聴きながら、まだできていない部分の穴埋めに再チャレンジしよう。

ナターシャ・キャロルの誕生日を祝うために、約15名から20名の友人や親族がアメリカのジョージアに集まりました。彼女は、世界一長寿の人物です。キャロルは9月23日の金曜日に115歳になったのです。義理の娘のイーディス・キャロルによると、グループはセント・レイチェルの老人ホームに集まったということです。ナターシャは、チョコレートのバースデーケーキの小さな2切れを食べ、子供たちのバンドが奏でる『ユーアーマイサンシャイン』の音楽に合わせて、からだを動かしました。キャロルは1896年にテネシーに生まれ、第一次世界大戦中にジョージアに移り住み、そこで教鞭を執りました。彼女には16人の孫がおり、2ダースを超える数のひ孫や玄孫（やしゃご）がいます。夫のランダルは1963年に亡くなりました。キャロルさんは今年の1月に世界一長寿の人物として公式に登録されました。

🔊 ニューズ・リスニング（3回目）

Stage 04 … 英文トランスクリプション

🎧 ニュース原稿を確認してみよう！ 穴埋め部分の正解をチェックして、英文を理解し直そう。そのあとで、もう一度ニュースを聴いてみよう。

① About 15 to ② 20 ③ friends and relatives gathered in Georgia, USA, to celebrate the birthday of Natasha Carroll. She is the world's ④ oldest person. Carroll turned 115 on Friday, September 23rd. Her ⑤ daughter-in-law Edith Carroll said the group gathered at St. Rachel's Nursing Home. Natasha ⑥ enjoyed two small ⑦ slices of ⑧ chocolate birthday cake and moved to the music as a children's band played "You Are My Sunshine." Ms. Carroll was ⑨ born in Tennessee in 1896 and ⑩ moved to Georgia during World War One, where she worked as a teacher. She has 16 ⑪ grandchildren and ⑫ more than two dozen ⑬ great-grandchildren and great-great-grandchildren. Her husband, Randall, died in 1963. Ms. Carroll was officially listed as the world's oldest ⑭ living person in January ⑮ this year.

🔊 ニューズ・リスニング（4回目）

Stage 05 ··· 音声変化をチェック

まとめとして、穴埋め部分の音声変化の特徴をスロースピードとナチュラルスピードで確認しよう。下記に示したカタカナ表記で音声変化を確認して、もう一度ニュースを聴き直してみよう。発音変化のルールは適宜復習しよう。

2種類の音声を収録

① **About** アバウト ▶ アバウ＿
　☞ 末尾の破裂音 [t] の脱落

② **20** トゥエンティー ▶ トゥエニー
　☞ [nt] から破裂音 [t] が脱落

③ **friends and** フレンズ・アンド ▶ フレンザン＿
　☞ friends の [dz] 音に and が連結。末尾の [d] 音の脱落

④ **oldest person** オウルディスト・パースン ▶ オウルディス＿パースン
　☞ 破裂音 [t] の脱落

⑤ **daughter-in-law** ドーター・イン・ロー ▶ ドーダ [ラ] ーインロー
　☞ 破裂音 [t] の弾音化

⑥ **enjoyed two** インジョイド・トゥー ▶ インジョイ＿トゥー
　☞ 破裂音 [d] の脱落

⑦ **slices of** スライシィズ・アヴ ▶ スライシィザヴ
　☞ slices の [z] に of が連結

⑧ **chocolate birthday** チャクラット・バースデイ ▶ チャクラッ＿バースデイ
　☞ 破裂音 [t] の脱落

⑨ **born in** ボーン・イン ▶ ボーニン
　☞ born の [n] に in が連結

⑩ **moved to** ムーヴド・トゥー ▶ ムーヴ＿トゥー
　☞ 破裂音 [d] の脱落

⑪ **grandchildren** グランドチルドレン ▶ グラン＿チルドレン
　☞ 破裂音 [d] の脱落

⑫ **more than** モー・ザン ▶ モーアン
　☞ than の [ð] 音の脱落

⑬ **great-grandchildren** グレイト・グランドチルドレン ▶ グレイ＿グラン＿チルドレン
　☞ 破裂音 [t] と [d] の脱落

⑭ **living person** リヴィング・パースン ▶ リヴィン＿パースン
　☞ 破裂音 [g] の脱落

⑮ **this year** ズィス・イヤー ▶ ズィシャー
　☞ [s] と [j] の音が同化

◀)) ニュース・リスニング（5 回目）

AT Workers Begin Strike

「AT 労働者がストを開始」

Stage 01 … 穴埋めニュース・リスニング

音声変化に注意して CD でニュースを聴きながら、空欄部分を埋めてみよう。

ニュース音声収録

① _____ ② _____ American Telecom employees ③ _____ _____ strike ④ _____ after being unable to create a new union contract in ⑤ _____ _____ _____ biggest labor issues in the United States in recent years. Those who ⑥ _____ _____ come to work are members of the ⑦ _____ Confederation of Electrical Workers who work for the world's third largest telecommunications company's mobile telephone, ⑧ _____ , and television services. ⑨ _____ failed to reach agreement on health care benefits and other issues. AT spokesperson Janet Longfellow ⑩ _____ _____ there ⑪ _____ _____ no interruption of services due to the strike. ⑫ _____ _____ Longfellow, the company is ⑬ _____ _____ deal ⑭ _____ _____ by training thousands of other employees. These workers will conduct customer service, repairs, installation, and other jobs being done by union workers.

◀)) ニュース・リスニング（1 回目）

Stage 02 … ニュース・ボキャビル

ニュースのボキャブラリーを CD で確認しよう。そのあとでもう一度、ニュースのリスニングにチャレンジ。Stage 01 でできなかったところをもう一度聴き取って、穴埋めを完成させよう。

英日 音声収録

① go on strike　　　　　　　ストライキを行う
② create　　　　　　　　　　作り上げる
③ union contract　　　　　　労働協約
④ labor issue　　　　　　　　労働争議
⑤ refuse to …　　　　　　　　…を拒否する
⑥ confederation　　　　　　　連盟
⑦ electrical　　　　　　　　　電気関係の
⑧ telecommunications　　　　電気通信
⑨ mobile telephone　　　　　携帯電話
⑩ negotiator　　　　　　　　　交渉人
⑪ health care benefits　　　　健康手当
⑫ other issues　　　　　　　　そのほかの問題
⑬ spokesperson　　　　　　　スポークスマン
⑭ announce　　　　　　　　　述べる
⑮ interruption of services　　サービスの中断；停止
⑯ deal with …　　　　　　　　…に対処する
⑰ conduct　　　　　　　　　　実行する
⑱ customer service　　　　　顧客サービス
⑲ installation　　　　　　　　設置；敷設
⑳ union workers　　　　　　　労働組合の加入労働者

◀))　ニュース・リスニング（2回目）

Stage 03 … 日本語トランスレーション

🎧 **ニュース原稿の日本語を確認してみよう！ その上で、ニュースを聴きながら、まだできていない部分の穴埋めに再チャレンジしよう。**

近年のアメリカでの最大級と言える労働争議において、新たな労働協約の締結に失敗した後、約4万人に上るアメリカン・テレコムの労働者が昨日ストライキに入りました。勤務を拒否したのは、世界第3位の規模を誇る電気通信会社で携帯電話、インターネット、テレビ放送サービスに携わっている、国際電気労働者連盟のメンバーたちです。交渉は健康手当やその他の問題で合意に至りませんでした。ATのスポークスマンであるジャネット・ロングフェローによると、ストライキの影響によるサービスの中断はないとのことです。ロングフェロー氏によると、AT社は数千名に上るほかの社員をトレーニングし、これに対処する準備ができているとのことです。彼らが、組合員労働者が行っている顧客サービス、修理、設備の敷設などの仕事を行います。

🔊 ニュース・リスニング（3回目）

Stage 04 … 英文トランスクリプション

🎧 **ニュース原稿を確認してみよう！ 穴埋め部分の正解をチェックして、英文を理解し直そう。そのあとで、もう一度ニュースを聴いてみよう。**

① About ② 40,000 American Telecom employees ③ went on strike ④ yesterday after being unable to create a new union contract in ⑤ one of the biggest labor issues in the United States in recent years. Those who ⑥ refused to come to work are members of the ⑦ International Confederation of Electrical Workers who work for the world's third largest telecommunications company's mobile telephone, ⑧ Internet, and television services. ⑨ Negotiators failed to reach agreement on health care benefits and other issues. AT spokesperson Janet Longfellow ⑩ announced that there ⑪ will be no interruption of services due to the strike. ⑫ According to Longfellow, the company is ⑬ prepared to deal ⑭ with it by training thousands of other employees. These workers will conduct customer service, repairs, installation, and other jobs being done by union workers.

🔊 ニュース・リスニング（4回目）

Stage 05 ··· 音声変化をチェック

まとめとして、穴埋め部分の音声変化の特徴をスロースピードとナチュラルスピードで確認しよう。下記に示したカタカナ表記で音声変化を確認して、もう一度ニュースを聴き直してみよう。発音変化のルールは適宜復習しよう。

2種類の音声を収録

① **About** アバウト ▶ アバウ＿
☞ 末尾の破裂音 [t] が脱落

② **40,000** フォーティー・サウザンド ▶ フォー [ディ] リー・サウザン＿
☞ 破裂音 [t] の弾音化。末尾の [d] が脱落する場合もある

③ **went on** ウェント・オン ▶ ウェノン
☞ 破裂音 [t] の脱落、[n] + [o] の連結

④ **yesterday** イエスタァデイ ▶ イエスチュデイ
☞ [t(ə)r] が [tʃ(ə)r] に変化

⑤ **one of the** ワン・アヴ・ザ ▶ ワナ＿ザ
☞ one と of が連結。of の [v] が脱落

⑥ **refused to** リフューズド・トゥー ▶ リフューズ＿トゥー
☞ 破裂音 [d] の脱落

⑦ **international** インターナショヌル ▶ イナーナショヌル
☞ 破裂音 [t] の脱落

⑧ **Internet** インターネット ▶ イナーネット
☞ 破裂音 [t] の脱落

⑨ **Negotiators** ネゴウシエイターズ ▶ ネゴウシエイダ [ラ] ーズ
☞ 破裂音 [t] の弾音化

⑩ **announced that** アナウンストゥ・ザット ▶ アナウンス＿ザット
☞ 破裂音 [t] の脱落

⑪ **will be** ウィル・ビ ▶ ウィ＿ビ
☞ [l] 音の脱落

⑫ **According to** アコーディング・トゥー ▶ アコーディン＿トゥー
☞ 破裂音 [g] の脱落

⑬ **prepared to** プリペアード・トゥー ▶ プリペアー＿トゥー
☞ 破裂音 [d] の脱落

⑭ **with it** ウィズ・イット ▶ ウィズィッ＿
☞ with と it が連結。末尾の [t] が脱落

◀)) ニューズ・リスニング（5 回目）

Famous Lady Spy Dies
「有名な女性スパイの死」

Stage 01 … 穴埋めニュース・リスニング

音声変化に注意してCDでニュースを聴きながら、空欄部分を埋めてみよう。

ニュース音声収録

Australian Beverly Newman has died in London. She worked as a spy during WWII, and was one of the Allies' ① _____ _____ servicewomen. She was 97. She is celebrated as a war heroine for her participation in the French Resistance during the ② _____ _____ of the European conflict. She was called "The Invisible Woman" by the Gestapo, because of her ③ _____ to avoid detection and carry out her ④ _____ almost totally secretly. Newman received training from the British intelligence agency ⑤ _____ _____ and sabotage. Afterwards, she ⑥ _____ _____ arm ⑦ _____ _____ ten thousand resistance fighters before the D-Day invasion. She succeeded in ⑧ _____ weapons, financial resources and code books in Nazi-occupied France. Eventually she ⑨ _____ _____ ⑩ _____ _____ the Gestapo's wanted list. The United States awarded her its Medal of Freedom. She is ⑪ _____ _____ two sons, two ⑫ _____ and ⑬ _____ ⑭ _____ .

◀) ニュース・リスニング（1回目）

Stage 02 … ニュース・ボキャビル

🎧 ニュースのボキャブラリーを CD で確認しよう。そのあとでもう一度、ニュースのリスニングにチャレンジ。Stage 01 でできなかったところをもう一度聴き取って、穴埋めを完成させよう。

英日 音声収録

①	WWII	第二次世界大戦
②	the Allies	連合国軍
③	decorate	勲章を授ける
④	servicewoman	女性兵士
⑤	celebrated	著名な
⑥	conflict	戦争；紛争
⑦	invisible	見えない
⑧	ability	能力
⑨	detection	探知；発覚
⑩	secretly	秘密裏に
⑪	intelligence agency	諜報局
⑫	espionage	諜報活動
⑬	sabotage	破壊工作
⑭	arm	武装させる
⑮	resistance	抵抗；レジスタンス運動
⑯	D-Day invasion	ノルマンディー侵攻
⑰	code book	暗号表
⑱	occupied	占領された
⑲	wanted list	指名手配リスト
⑳	be survived by …	死後に…を残した

🔊 ニューズ・リスニング（2 回目）

Stage 03 ... 日本語トランスレーション

🎧 ニュース原稿の日本語を確認してみよう！ その上で、ニュースを聴きながら、まだできていない部分の穴埋めに再チャレンジしよう。

オーストラリアのビバリー・ニューマンがロンドンで死亡しました。彼女は、第二次世界大戦でスパイとして活動し、連合国軍で最も多く受勲した兵士でした。享年97歳でした。彼女はヨーロッパでの戦闘の最後の数年にフランスでレジスタンスに参加し、戦時下のヒロインとして高く評価されています。彼女はゲシュタポによって「見えない女」と呼ばれていましたが、それは発見を逃れ、ほぼ完全に秘密裏に任務を遂行する彼女の能力によるものでした。ニューマンは、英国諜報部により諜報・破壊活動のトレーニングを受けました。その後彼女は、ノルマンディー上陸作戦前に、1万名に上るレジスタンス兵に軍備を供給し、その指揮を執りました。彼女はナチス占領下のフランスで、武器や資金、暗号解読表の供給に成功し、遂にゲシュタポの指名手配リストの最上位に載りました。アメリカは彼女に自由勲章を授与しました。彼女はふたりの息子と、ふたりの娘、そして20人の孫を残しました。

🔊 ニューズ・リスニング（3回目）

Stage 04 ... 英文トランスクリプション

🎧 ニュース原稿を確認してみよう！ 穴埋め部分の正解をチェックして、英文を理解し直そう。そのあとで、もう一度ニュースを聴いてみよう。

Australian Beverly Newman has died in London. She worked as a spy during WWII, and was one of the Allies' ① most decorated servicewomen. She was 97. She is celebrated as a war heroine for her participation in the French Resistance during the ② last years of the European conflict. She was called "The Invisible Woman" by the Gestapo, because of her ③ ability to avoid detection and carry out her ④ activities almost totally secretly. Newman received training from the British intelligence agency ⑤ in espionage and sabotage. Afterwards, she ⑥ helped to arm ⑦ and lead ten thousand resistance fighters before the D-Day invasion. She succeeded in ⑧ distributing weapons, financial resources and code books in Nazi-occupied France. Eventually she ⑨ reached the ⑩ top of the Gestapo's wanted list. The United States awarded her its Medal of Freedom. She is ⑪ survived by two sons, two ⑫ daughters and ⑬ twenty ⑭ grandchildren.

🔊 ニューズ・リスニング（4回目）

Stage 05 ··· 音声変化をチェック

まとめとして、穴埋め部分の音声変化の特徴をスロースピードとナチュラルスピードで確認しよう。下記に示したカタカナ表記で音声変化を確認して、もう一度ニュースを聴き直してみよう。発音変化のルールは適宜復習しよう。

2種類の音声を収録

① **most decorated** モウスト・デコレイティッド ▶ モウス_デコレイティッド
　☞ 破裂音 [t] の脱落

② **last years** ラスト・イヤーズ ▶ ラスチャーズ
　☞ [t] と [j] が同化

③ **ability** アビリティー ▶ アビリディ [リ] ー
　☞ 破裂音 [t] の弾音化

④ **activities** アクティヴィティーズ ▶ アクティヴィディ [リ] ーズ
　☞ 破裂音 [t] の弾音化

⑤ **in espionage** イン・エスピアナージュ ▶ イネスピアナージュ
　☞ in の [n] に espionage が連結

⑥ **helped to** ヘルプト・トゥー ▶ ヘルプ_トゥー
　☞ 破裂音 [t] の脱落

⑦ **and lead** アンド・リード ▶ アン_リード
　☞ 破裂音 [d] の脱落

⑧ **distributing** ディストゥリビューティング ▶ ディストゥリビューディ [リ] ング
　☞ 破裂音 [t] の弾音化

⑨ **reached the** リーチト・ザ ▶ リーチ_ザ
　☞ 破裂音 [t] の脱落

⑩ **top of** タップ・アヴ ▶ タッパヴ
　☞ top の [p] に of が連結

⑪ **survived by** サヴァイヴドゥ・バイ ▶ サヴァイヴ_バイ
　☞ 破裂音 [d] の脱落

⑫ **daughters** ドーターズ ▶ ドーダ [ラ] ーズ
　☞ 破裂音 [t] の弾音化

⑬ **twenty** トゥエンティー ▶ トゥエニー
　☞ 破裂音 [t] の脱落

⑭ **grandchildren** グランドチルドレン ▶ グラン_チルドレン
　☞ 破裂音 [d] の脱落

🔊 ニュース・リスニング（5回目）

Shopping Mall Fails to Attract Business

「ショッピングモールへの誘致、失敗に」

Stage 01 … 穴埋めニュース・リスニング

音声変化に注意してCDでニュースを聴きながら、空欄部分を埋めてみよう。

ニュース音声収録

China's World Mall is ① _____ _____ some to be the largest ② _____ _____ world. ③ _____ _____ available space ④ _____ _____ 1,700 stores ⑤ _____ _____ 7.1 million square ⑥ _____ _____ ground space. The mall has seven zones ⑦ _____ _____ resemble ⑧ _____ ⑨ _____ , nations and regions. These "mini cities" include Paris, London, Rome, Venice, Egypt, the Caribbean, and California. However, ⑩ _____ _____ its location in the Nanjing suburbs, much of the retail space remained empty in 2010. To the owner's disappointment, almost ninety percent of the space is still vacant, four years after its opening. The mall ⑪ _____ _____ be reached by cars, as there is no public transportation access. The only occupied areas are near the ⑫ _____ where several Western fast food chains are located. Only ⑬ _____ _____ stores are open at any time ⑭ _____ _____ _____ that should be bustling with over a thousand shops ⑮ _____ _____ customers. The mall appears to be a bust, a White Elephant in sharp contrast to China's rapid growth.

ニュース・リスニング（1回目）

Stage 02 … ニュース・ボキャビル

🎧 ニュースのボキャブラリーを CD で確認しよう。そのあとでもう一度、ニュースのリスニングにチャレンジ。Stage 01 でできなかったところをもう一度聴き取って、穴埋めを完成させよう。

英日 音声収録

① mall	ショッピングモール
② be considered to be ...	…と考えられている
③ by some	一部の人［統計・噂など］によると
④ available space	利用可能なスペース
⑤ approximately	およそ；約
⑥ square feet	平方フィート
⑦ ground space	地上スペース
⑧ resemble	似る；類似する
⑨ nation	国；国家
⑩ region	地域
⑪ due to ...	…によって
⑫ vacant	空の；空席の；うつろな
⑬ opening	オープン；開店
⑭ public transportation	公共交通
⑮ occupy	場所を占拠する
⑯ entrance	エントランス；入り口
⑰ bustle	ごった返す；活気あふれる
⑱ bust	失敗；破産
⑲ white elephant	無用の長物

🔊 ニュース・リスニング（2 回目）

stage 03 ･･･ 日本語トランスレーション

🎧 **ニュース原稿の日本語を確認してみよう！ その上で、ニュースを聴きながら、まだできていない部分の穴埋めに再チャレンジしよう。**

中国のワールド・モールは、一部の人たちによると、世界最大であると考えられています。1700 以上の利用可能な店舗スペースがあり、およそ 710 万平方フィートの地上スペースをもっています。ショッピングモールには、世界の都市や国家や地域を模した 7 つのゾーンがあり、これらの縮小版の都市には、パリ、ロンドン、ローマ、ヴェニス、エジプト、カリブ、カリフォルニアなどが含まれています。しかしながら、南京の郊外というロケーションであるため、2010 年現在、ほとんどの貸店舗スペースが空いたままでした。オーナーには残念なことですが、オープンから 4 年を経ても、ほぼ 9 割のスペースがいまだに空き店舗になっているのです。公共交通機関もないため、モールには車を利用する以外ありません。唯一店舗が入っているエリアは、エントランスのそばで、そこにはいくつかの西欧のファストフードチェーンがあります。1000 以上の店舗と、そこを訪れる客でごった返しているはずのエリアに、常時開いている店が約 20 ほどしかないのです。モールは大失敗。中国の急速な成長とは対照的に無用の長物のように思えます。

🔊 ニューズ・リスニング（3 回目）

stage 04 ･･･ 英文トランスクリプション

🎧 **ニュース原稿を確認してみよう！ 穴埋め部分の正解をチェックして、英文を理解し直そう。そのあとで、もう一度ニュースを聴いてみよう。**

China's World Mall is ① considered by some to be the largest ② in the world. ③ It has available space ④ for over 1,700 stores ⑤ in approximately 7.1 million square ⑥ feet of ground space. The mall has seven zones ⑦ designed to resemble ⑧ international ⑨ cities, nations and regions. These "mini cities" include Paris, London, Rome, Venice, Egypt, the Caribbean, and California. However, ⑩ due to its location in the Nanjing suburbs, much of the retail space remained empty in 2010. To the owner's disappointment, almost ninety percent of the space is still vacant, four years after its opening. The mall ⑪ can only be reached by cars, as there is no public transportation access. The only occupied areas are near the ⑫ entrance where several Western fast food chains are located. Only ⑬ around twenty stores are open at any time ⑭ in an area that should be bustling with over a thousand shops ⑮ and their customers. The mall appears to be a bust, a White Elephant in sharp contrast to China's rapid growth.

🔊 ニューズ・リスニング（4 回目）

Stage 05 ··· 音声変化をチェック

まとめとして、穴埋め部分の音声変化の特徴をスロースピードとナチュラルスピードで確認しよう。下記に示したカタカナ表記で音声変化を確認して、もう一度ニュースを聴き直してみよう。発音変化のルールは適宜復習しよう。

2種類の音声を収録

① **considered by** カンシダード・バイ ▶ カンシダー＿バイ
　☞ 破裂音 [d] の脱落

② **in the** イン・ザ ▶ イナ
　☞ [n] と [ð] の音の同化

③ **It has** イト・ハズ ▶ イダ [ラ] ズ
　☞ 破裂音 [t] の弾音化。has は弱化して [ァズ] と発音

④ **for over** フォー・オウヴァー ▶ フォロウヴァー
　☞ for の [r] と次の母音 [ou] が連結

⑤ **in approximately** イン・アプラクサマトリ ▶ イナプラクサマトリ
　☞ in の [n] と次の母音 [ə] が連結

⑥ **feet of** フィート・アヴ ▶ フィーダ [ラ] ヴ
　☞ feet の [t] に次の母音 [ə] が連結。同時に連結部が弾音化

⑦ **designed to** ディザインド・トゥー ▶ ディザイン＿トゥー
　☞ 破裂音 [d] の脱落

⑧ **international** インターナショナル ▶ イナーナショナル
　☞ 破裂音 [t] の脱落

⑨ **cities** シティーズ ▶ シディ [リ] ーズ
　☞ 破裂音 [t] の弾音化

⑩ **due to** デュー・トゥー ▶ デュードゥ [ル] ー
　☞ 破裂音 [t] の弾音化

⑪ **can only** キャン・オウンリー ▶ キャノウンリー
　☞ can の [n] と次の母音 [ou] が連結

⑫ **entrance** エントランス ▶ エンチュランス
　☞ [ntr] が [ntʃr] に変化

⑬ **around twenty** アラウンド・トゥエンティー ▶ アラウン＿トゥエニー
　☞ 破裂音 [d] の脱落。twenty の [t] 音も脱落

⑭ **in an area** イン・アン・エァリア ▶ イナネァリア
　☞ 3語が連結

⑮ **and their** アンド・ゼア ▶ アネア
　☞ 破裂音 [d] の脱落。[n] と [ð] の音が同化

◀))) ニューズ・リスニング（5回目）

ショッピングモールへの誘致、失敗に ··· 29

"Nativist" Artist Retrospective
「先住民芸術家の回顧展」

A new retrospective of Australian ① _____ Agnar Bonavich takes the viewers ② _____ _____ tour ③ _____ _____ life, the ④ _____ of the exhibition says. The exhibition, "Agnar Bonavich — A ⑤ _____ Approach," will open ⑥ _____ _____ Brookins Museum in Canberra on Friday, August 19. Philip Daniels, who curated the exhibition, says this is the most comprehensive show ever brought together of the half Aborigine ⑦ _____ who died in 1997. "It truly takes us ⑧ _____ _____ journey through his artistic life," Daniels said. He ⑨ _____ _____ the collection features more than ⑩ _____ works of art, ⑪ _____ _____ "altogether unique perspective" on Australian ⑫ _____ and social issues. Though the artist ⑬ _____ _____ _____ motorcycle crash at the age of thirty seven, he created an enormous amount of work. This exhibition includes paintings from his early teens to seven unfinished paintings he was working on at the time of his death.

Stage 02 … ニュース・ボキャビル

ニュースのボキャブラリーを CD で確認しよう。そのあとでもう一度、ニュースのリスニングにチャレンジ。Stage 01 でできなかったところをもう一度聴き取って、穴埋めを完成させよう。

英日 音声収録

① retrospective	回顧展
② curator	キュレーター；学芸員
③ exhibition	展覧会
④ nativist Approach	先住民的アプローチ
⑤ museum	博物館；美術館
⑥ comprehensive	包括的な
⑦ bring together	集める
⑧ artistic	芸術の；芸術的な
⑨ collection	コレクション；収集
⑩ feature	呼び物にする；特集する
⑪ altogether	完全に；まったく
⑫ unique	独特な
⑬ perspective	観点；ものの見方
⑭ environmental	環境の
⑮ social issues	社会問題
⑯ crash	事故
⑰ enormous amount	莫大な数
⑱ painting	絵；絵画
⑲ early teens	10 代の初期
⑳ unfinished	未完の；未完成の

◀)) ニュース・リスニング（2 回目）

先住民芸術家の回顧展 ••• 31

Stage 03 … 日本語トランスレーション

🎧 ニュース原稿の日本語を確認してみよう！ その上で、ニュースを聴きながら、まだできていない部分の穴埋めに再チャレンジしよう。

オーストラリアの芸術家アグナー・ボナビッチの新しい回顧展で、観客は彼の人生を巡るツアーへと誘われます、と展覧会のキュレーターは語ります。『アグナー・ボナビッチ ―― 先住民的アプローチ』と題された展覧会は、キャンベラのブルッキンズ・ミュージアムで、8月19日の金曜日に開かれます。1997年に亡くなった、アボリジニーとの混血の画家の作品を集めたこれまででもっとも包括的な展覧会である、と展覧会を企画したフィリップ・ダニエルズは語ります。「展覧会は、ほんとうに私たちを、彼の芸術的な人生への旅に誘ってくれるのです」とダニエルズは語りました。彼はまた、コレクションは130を超える数の芸術作品を集めていて、オーストラリアの環境や社会問題に関する、ボナビッチのユニークな視点を内包していることも付け加えました。ボナビッチ自身は37歳のとき、バイク事故で亡くなりましたが、彼は大変な数の作品を残しました。展示には、彼のティーンエイジの初期の作品から、亡くなったとき製作していた7つの未完の作品までが含まれています。

🔊 ニュース・リスニング（3回目）

Stage 04 … 英文トランスクリプション

🎧 ニュース原稿を確認してみよう！ 穴埋め部分の正解をチェックして、英文を理解し直そう。そのあとで、もう一度ニュースを聴いてみよう。

A new retrospective of Australian ① artist Agnar Bonavich takes the viewers ② on a tour ③ of his life, the ④ curator of the exhibition says. The exhibition, "Agnar Bonavich ― A ⑤ Nativist Approach," will open ⑥ at the Brookins Museum in Canberra on Friday, August 19. Philip Daniels, who curated the exhibition, says this is the most comprehensive show ever brought together of the half Aborigine ⑦ painter who died in 1997. "It truly takes us ⑧ on a journey through his artistic life," Daniels said. He ⑨ added that the collection features more than ⑩ 130 works of art, ⑪ including Bonavich's "altogether unique perspective" on Australian ⑫ environmental and social issues. Though the artist ⑬ died in a motorcycle crash at the age of thirty seven, he created an enormous amount of work. This exhibition includes paintings from his early teens to seven unfinished paintings he was working on at the time of his death.

🔊 ニュース・リスニング（4回目）

Stage 05 … 音声変化をチェック

まとめとして、穴埋め部分の音声変化の特徴をスロースピードとナチュラルスピードで確認しよう。下記に示したカタカナ表記で音声変化を確認して、もう一度ニュースを聴き直してみよう。発音変化のルールは適宜復習しよう。

2種類の音声を収録

① **artist** アーティスト ▶ アーディ [リ] スト
　☞ 破裂音 [t] の弾音化

② **on a** オン・ア ▶ オナ
　☞ on の [n] と a [ə] が連結

③ **of his** アヴ・ヒズ ▶ アヴィズ
　☞ of の [v] 音が、弱化した his [イズ] に連結

④ **curator** キュウレイター ▶ キュウレイダ [ラ] ー
　☞ 破裂音 [t] の弾音化

⑤ **Nativist** ネイティヴィスト ▶ ネイディ [リ] ヴィスト
　☞ 破裂音 [t] の弾音化

⑥ **at the** アット・ザ ▶ アッ_ザ
　☞ 破裂音 [t] の脱落

⑦ **painter** ペインター ▶ ペイナー
　☞ 破裂音 [t] の脱落

⑧ **on a** オン・ア ▶ オナ
　☞ on の [n] と a [ə] が連結

⑨ **added that** アディッド・ザット ▶ アディッ_ザット
　☞ 破裂音 [d] の脱落

⑩ **130** ワン・ハンドレッド・アンド・サーティー
　　　　　　　　　　　　▶ ワンハンドレッド・アン_サーディ [リ] ー
　☞ and の [d] が脱落。thrty の [t] 音が弾音化

⑪ **including Bonavich's** インクルーディング・ボナビッチズ
　　　　　　　　　　　　▶ インクルーディン_ボナビッチズ
　☞ 破裂音 [g] の脱落

⑫ **environmental** エンヴァイアランメンタル ▶ エンヴァイアランメナル
　☞ 破裂音 [t] の脱落

⑬ **died in a** ダイド・イン・ア ▶ ダイディ [リ] ナ
　☞ 3 語がすべて連結。「ディ」の部分は弾音化することもある

🔊 ニューズ・リスニング（5回目）

Sharks Crush Barons to Take Lead

「シャークスがバロンズを叩きリード」

Stage 01 … 穴埋めニュース・リスニング

音声変化に注意してCDでニュースを聴きながら、空欄部分を埋めてみよう。

ニュース音声収録

A run ① _____ _____ late in the third quarter changed a close game into a ② _____ , as the visiting San Diego Sharks crushed the Boston Barons ③ _____ - ④ _____ to take a 2-1 advantage in the American ⑤ _____ Regional Semifinals. The two teams traded leads throughout ⑥ _____ _____ _____ game. With only five minutes remaining in the third ⑦ _____ , the biggest lead by either team ⑧ _____ _____ six points, and the game had been tied sixteen times. ⑨ _____ _____ game broke open when Sharks star James LeBosh ⑩ _____ the ball from Boston ⑪ _____ Jian Wei, and ⑫ _____ _____ _____ _____ way down the court for a huge slam dunk. That play ⑬ _____ _____ inspire the whole team, as after that everyone ⑭ _____ _____ shots from all over the court. All five San Diego ⑮ _____ ⑯ _____ _____ digit scores, with LeBosh leading all scorers with 24. Game 4 ⑰ _____ _____ played in Boston tomorrow night at seven p.m.

ニュース・リスニング（1回目）

Stage 02 ・・・ ニュース・ボキャビル

ニュースのボキャブラリーを CD で確認しよう。そのあとでもう一度、ニュースのリスニングにチャレンジ。Stage 01 でできなかったところをもう一度聴き取って、穴埋めを完成させよう。

英日 音声収録

①	run	走ること
②	quarter	クオーター；試合の4分の1
③	close game	接戦
④	blowout	楽勝
⑤	crush	叩きつぶす；大勝する
⑥	advantage	優位；有利
⑦	regional	地区の；地域の
⑧	semifinal(s)	準決勝
⑨	trade leads	交互にリードする
⑩	throughout ...	…を通して
⑪	remain	残る；残す
⑫	tie	タイになる；同点になる
⑬	strip	奪い取る
⑭	center	（バスケットボールの）センタープレーヤー
⑮	huge	ものすごい
⑯	slam dunk	スラムダンク；強烈なダンクシュート
⑰	inspire	鼓舞する
⑱	starter	スターター
⑲	double digit	2桁の
⑳	lead	先頭で率いる

◀)) ニュース・リスニング（2回目）

Stage 03 … 日本語トランスレーション

🎧 **ニュース原稿の日本語を確認してみよう！ その上で、ニュースを聴きながら、まだできていない部分の穴埋めに再チャレンジしよう。**

第3クオーターの終盤のひとつのダッシュが接戦を楽勝に転じました。敵地を訪れていたサンディエゴ・シャークスがボストン・バロンズを 98-74 で下し、全米バスケットボールの地区予選の準決勝で2勝1敗とし、有利な展開になりました。両チームは、試合を通して交互にリードを取り合う形でした。第3クオーターの残り5分までは、最大の得点差は6点で、その間16回同点になりました。しかし、シャークスのジェームズ・レボッシュが、ボストンのセンタープレーヤー、ジャン・ウェイからボールを奪い、コートの反対側まで運んでものすごいスラムダンクを決めたとき、ゲームは突然爆発したのです。このプレーがチーム全体の目を覚ましたように見えました。その後、全員がコートの至る所からシュートを放ち始めたのです。サンディエゴのスターターの5人全員が2桁得点を取りましたが、レボッシュは全スコアラーを引っ張り 24 点を上げました。第4試合は明日の夜7時にボストンで行われます。

🔊 ニュース・リスニング（3回目）

Stage 04 … 英文トランスクリプション

🎧 **ニュース原稿を確認してみよう！ 穴埋め部分の正解をチェックして、英文を理解し直そう。そのあとで、もう一度ニュースを聴いてみよう。**

A run ① that began late in the third quarter changed a close game into a ② blowout, as the visiting San Diego Sharks crushed the Boston Barons ③ 98- ④ 74 to take a 2-1 advantage in the American ⑤ Basketball Regional Semifinals. The two teams traded leads throughout ⑥ much of the game. With only five minutes remaining in the third ⑦ quarter, the biggest lead by either team ⑧ had been six points, and the game had been tied sixteen times. ⑨ But the game broke open when Sharks star James LeBosh ⑩ stripped the ball from Boston ⑪ center Jian Wei, and ⑫ took it all the way down the court for a huge slam dunk. That play ⑬ seemed to inspire the whole team, as after that everyone ⑭ started making shots from all over the court. All five San Diego ⑮ starters ⑯ had double digit scores, with LeBosh leading all scorers with 24. Game 4 ⑰ will be played in Boston tomorrow night at seven p.m.

🔊 ニュース・リスニング（4回目）

stage 05 … 音声変化をチェック

まとめとして、穴埋め部分の音声変化の特徴をスロースピードとナチュラルスピードで確認しよう。下記に示したカタカナ表記で音声変化を確認して、もう一度ニュースを聴き直してみよう。発音変化のルールは適宜復習しよう。

2種類の音声を収録

CD 1-21

① **that began**   ザット・ビギャン   ▶ ザッ_ビギャン
  ☞ 破裂音 [t] の脱落

② **blowout**   ブロウアウト   ▶ ブロウアウ_
  ☞ 末尾の破裂音 [t] の脱落

③ **98**   ナインティーエイト   ▶ ナイニーエイ_
  ☞ 破裂音 [t] の脱落。末尾の破裂音 [t] の脱落

④ **74**   セヴンティーフォー   ▶ セヴニーフォー
  ☞ 破裂音 [t] の脱落

⑤ **basketball**   バスケットボール   ▶ バスケッ_ボール
  ☞ 破裂音 [t] の脱落

⑥ **much of the**   マッチ・アヴ・ザ   ▶ マッチャザ
  ☞ much と of が連結。of の [v] が脱落

⑦ **quarter**   クォーター   ▶ クォーダ [ラ] ー
  ☞ 破裂音 [t] の弾音化

⑧ **had been**   ハド・ビン   ▶ ア_ビン
  ☞ had の末尾の [d] が脱落。had が弱化し [ア] になる場合もある

⑨ **but the**   バット・ザ   ▶ バッ_ザ
  ☞ 破裂音 [t] の脱落

⑩ **stripped**   ストリップト   ▶ スチュリップト
  ☞ [str] の音は [stʃr] に変化

⑪ **center**   センター   ▶ セナー
  ☞ 破裂音 [t] の脱落

⑫ **took it all the**   トゥック・イット・オール・ザ ▶ トゥッキッド [ロ] ー_ザ
  ☞ took, it, all が連結。it の [t] が弾音化。all の [l] が脱落

⑬ **seemed to**   シームド・トゥー   ▶ シーム_トゥー
  ☞ 破裂音 [d] の脱落

⑭ **started making**   スターティッド・メイキング ▶ スターディ [リ] ッ_メイキン_
  ☞ -ted の [t] 音が弾音化。破裂音 [d] が脱落。making の破裂音 [g] の脱落

⑮ **starters**   スターターズ   ▶ スターダ [ラ] ーズ
  ☞ 破裂音 [t] の弾音化

⑯ **had double**   ハッド・ダブル   ▶ ハッ_ダブル
  ☞ 破裂音 [d] の脱落

⑰ **will be**   ウィル・ビー   ▶ ウィ_ビ
  ☞ [l] 音の脱落。be は「ビ」と弱化

◀)) ニューズ・リスニング（5回目）

NEWS 08

Avatar's Latest Guarantees to Thrill
「アバターの最新作、大興奮間違いなし」

Stage 01 ... 穴埋めニュース・リスニング

音声変化に注意してCDでニュースを聴きながら、空欄部分を埋めてみよう。

ニュース音声収録 （CD 1-22）

James Avatar's newest film has just ① _____ filming, and ② _____ _____ budget of a whopping 400 million dollars, it is entered in the Guiness Book of World Records as the most expensive movie ever made. Never ③ _____ _____ ambition, Avatar's ④ _____ _____ , which ⑤ _____ _____ released in July ⑥ _____ _____ , tells three different stories. Each is an adaptation of a Shakespeare play, Richard the Third, Romeo and Juliet, and A Mid Summer Night's Dream, told in three different eras: the ancient past, the ⑦ _____ _____ and the far distant future. Featuring ⑧ _____ _____ star cast ⑨ _____ _____ Brad Cruise, April LaTease, Sir John Fielgud and Wyoming Flannery, as well as incredible 3-D special effects, especially for the future episode, the film is likely to ⑩ _____ _____ office records as well. ⑪ _____ _____ Avatar, "this ⑫ _____ _____ a film experience unlike anything anyone has ever seen before!"

🔊 ニュース・リスニング（1回目）

Stage 02 ··· ニュース・ボキャビル

🎧 ニュースのボキャブラリーを CD で確認しよう。そのあとでもう一度、ニュースのリスニングにチャレンジ。Stage 01 でできなかったところをもう一度聴き取って、穴埋めを完成させよう。

英日 音声収録

CD 1-23

① film	映画；映画を撮影する
② complete	完了する；完成する
③ budget	予算
④ whopping	とんでもない
⑤ enter ...	…に入る
⑥ world record	世界記録
⑦ short on ...	…が不足する
⑧ ambition	野心
⑨ project	プロジェクト；仕事；作品
⑩ be released	発表される
⑪ adaptation	翻案
⑫ play	劇；劇作
⑬ era	時代
⑭ ancient	古代の
⑮ distant future	遠い未来
⑯ feature	呼び物にする
⑰ special effect	特撮；特殊効果
⑱ episode	エピソード；1話
⑲ break	破る
⑳ box office record	興行記録

🔊 ニュース・リスニング（2回目）

Stage 03 ··· 日本語トランスレーション

🎧 ニュース原稿の日本語を確認してみよう！ その上で、ニュースを聴きながら、まだできていない部分の穴埋めに再チャレンジしよう。

> ジェームズ・アバターの最新作映画がちょうど撮影を完了しました。4億ドルにも上るとんでもない予算で、史上最高予算の映画としてギネスブックに登録されました。相変わらずの野心家であるアバター氏の今年7月にリリースされる最新作は、3つの物語を紡いでいきます。それぞれがシェークスピアの劇作、リチャード三世、ロミオとジュリエット、真夏の夜の夢からの翻案ですが、いにしえの古代、現代、遙かな未来の、3つの異なる時代の物語となっています。ブラッド・クルーズ、エイプリル・ラティーズ、サー・ジョンソン・フィールグッド、ワイオミング・フラニーらを含むオールスターキャストを揃え、また驚異の3D効果を、特に未来のエピソードに盛り込んだこの映画は、興行売上の記録をも打ち破るかもしれません！ アバターは「だれもこれまでに目にしたことのないような映画体験になるだろう」と語っています。

🔊 ニューズ・リスニング（3回目）

Stage 04 ··· 英文トランスクリプション

🎧 ニュース原稿を確認してみよう！ 穴埋め部分の正解をチェックして、英文を理解し直そう。そのあとで、もう一度ニュースを聴いてみよう。

> James Avatar's newest film has just ① completed filming, and ② with its budget of a whopping 400 million dollars, it is entered in the Guiness Book of World Records as the most expensive movie ever made. Never ③ short on ambition, Avatar's ④ latest project, which ⑤ will be released in July ⑥ this year, tells three different stories. Each is an adaptation of a Shakespeare play, Richard the Third, Romeo and Juliet, and A Mid Summer Night's Dream, told in three different eras: the ancient past, the ⑦ present time and the far distant future. Featuring ⑧ an all star cast ⑨ that includes Brad Cruise, April LaTease, Sir John Fielgud and Wyoming Flannery, as well as incredible 3-D special effects, especially for the future episode, the film is likely to ⑩ break box office records as well. ⑪ According to Avatar, "this ⑫ will be a film experience unlike anything anyone has ever seen before!"

🔊 ニューズ・リスニング（4回目）

Stage 05・・・音声変化をチェック

まとめとして、穴埋め部分の音声変化の特徴をスロースピードとナチュラルスピードで確認しよう。下記に示したカタカナ表記で音声変化を確認して、もう一度ニュースを聴き直してみよう。発音変化のルールは適宜復習しよう。

2種類の音声を収録

CD 1-24

① **completed**　　　　　コンプリーティッド　　▶ コンプリーディ [リ] ッド
　☞ 破裂音 [t] の弾音化

② **with its**　　　　　　ウィズ・イッツ　　　　▶ ウィズイッツ
　☞ with と its が連結

③ **short on**　　　　　　ショート・オン　　　　▶ ショード [ロ] ン
　☞ 破裂音 [t] の弾音化

④ **latest project**　　　レイティスト・プロジェクト　▶ レイディ [リ] ス_プロジェク_
　☞ late- の [t] 音の弾音化。2単語の末尾の破裂音 [t] が脱落

⑤ **will be**　　　　　　ウィル・ビー　　　　　▶ ウィ_ビ
　☞ [l] 音の脱落。be は「ビ」

⑥ **this year**　　　　　ズィス・イヤー　　　　▶ ズィシャー
　☞ [s] + [j] が同化

⑦ **present time**　　　プレズント・タイム　　　▶ プレズン_タイム
　☞ 破裂音 [t] の脱落

⑧ **an all**　　　　　　　アン・オール　　　　　▶ アノール
　☞ an の [n] に all が連結

⑨ **that includes**　　　ザット・インクルーズ　　▶ ザッディ [リ] ンクルーズ
　☞ 2語が連結。that の末尾の [t] 音が弾音化

⑩ **break box**　　　　　ブレイク・バックス　　　▶ ブレイ_バックス
　☞ 破裂音 [k] の脱落

⑪ **According to**　　　アコーディング・トゥー　▶ アコーディ [リ] ング_トゥー
　☞ 破裂音 [d] の弾音化。[g] 音の脱落

⑫ **will be**　　　　　　ウィル・ビー　　　　　▶ ウィ_ビ
　☞ [l] 音の脱落。be は「ビ」と弱化

🔊 ニューズ・リスニング（5回目）

Strong Yen Weakens Japan
「円高で疲弊する日本」

Stage 01 … 穴埋めニュース・リスニング

音声変化に注意してCDでニュースを聴きながら、空欄部分を埋めてみよう。

ニュース音声収録

Unfortunately for the Japanese economy, the yen continues to rise against major currencies. The yen ① _____ to ② _____ against the dollar ③ _____ _____ close of stock trading in Tokyo ④ _____ . The yen's value to the euro also increased, to ⑤ _____ from 110.67. Japanese ⑥ _____ , particularly the car ⑦ _____ , are hurt by a ⑧ _____ yen. ⑨ _____ _____ the value of overseas sales, and makes it more ⑩ _____ _____ compete with lower cost manufacturers from China, South Korea and so on. ⑪ _____ sales have fallen by nearly a ⑫ _____ from ⑬ _____ _____ , while Honda's sales have dipped nearly ⑭ _____ percent. More bad news came for the yen as the ⑮ _____ unemployment figures in the U.S. continue to worsen. With the U.S. economy remaining weak, the dollar is ⑯ _____ _____ to rise anytime soon.

◀)) ニュース・リスニング（1回目）

Stage 02 ニュース・ボキャビル

ニュースのボキャブラリーを CD で確認しよう。そのあとでもう一度、ニュースのリスニングにチャレンジ。Stage 01 でできなかったところをもう一度聴き取って、穴埋めを完成させよう。

英日 音声収録

CD 1-26

① continue	続く；継続する
② rise	上昇する；値上がりする
③ against ...	…に対して
④ currency	通貨
⑤ appreciate	価値が上がる；値上がりする
⑥ stock trading	為替の売買
⑦ value	価値
⑧ exporter	輸出業者
⑨ industry	産業
⑩ hurt	傷ついた
⑪ overseas sales	海外での売上
⑫ compete with ...	…と競争する
⑬ manufacturer	製造業者
⑭ fall	落ちる
⑮ quarter	4分の1
⑯ dip	落ち込む；落ちる
⑰ latest	最新の
⑱ unemployment figures	失業率
⑲ worsen	悪化する
⑳ remain weak	弱いままである

🔊 ニュース・リスニング（2回目）

Stage 03 ··· 日本語トランスレーション

🎧 ニュース原稿の日本語を確認してみよう！ その上で、ニュースを聴きながら、まだできていない部分の穴埋めに再チャレンジしよう。

日本経済にとっては残念なことですが、日本円は主要通貨に対して値上がりを続けております。昨日の東京市場の終値で、円は1ドル＝77円64銭まで値上がりしました。ユーロに対しても円は、1ユーロ＝110円67銭から109円76銭まで値上がりしました。日本の輸出、特に自動車産業は、強い円のため悪影響を受けています。海外での販売額の価値に下落を生じ、中国、韓国などのコストの安いメーカーとの競争はさらに難しくなるからです。トヨタのセールスは、昨年比でほぼ4分の3となり、ホンダの売上はほぼ30%落ち込みました。アメリカの失業率が悪化を続けているため、円にとってさらに悪い影響が生じました。アメリカの経済が弱含みの状態を続けているため、ドルがすぐに値上がりする予測は立っていません。

🔊 ニューズ・リスニング（3回目）

Stage 04 ··· 英文トランスクリプション

🎧 ニュース原稿を確認してみよう！ 穴埋め部分の正解をチェックして、英文を理解し直そう。そのあとで、もう一度ニュースを聴いてみよう。

Unfortunately for the Japanese economy, the yen continues to rise against major currencies. The yen ① appreciated to ② 77.64 against the dollar ③ at the close of stock trading in Tokyo ④ yesterday. The yen's value to the euro also increased, to ⑤ 109.76 from 110.67. Japanese ⑥ exporters, particularly the car ⑦ industry, are hurt by a ⑧ strong yen. ⑨ It cuts the value of overseas sales, and makes it more ⑩ difficult to compete with lower cost manufacturers from China, South Korea and so on. ⑪ Toyota's sales have fallen by nearly a ⑫ quarter from ⑬ last year, while Honda's sales have dipped nearly ⑭ thirty percent. More bad news came for the yen as the ⑮ latest unemployment figures in the U.S. continue to worsen. With the U.S. economy remaining weak, the dollar is ⑯ not expected to rise anytime soon.

🔊 ニューズ・リスニング（4回目）

Stage 05 ・・・ 音声変化をチェック

まとめとして、穴埋め部分の音声変化の特徴をスロースピードとナチュラルスピードで確認しよう。下記に示したカタカナ表記で音声変化を確認して、もう一度ニュースを聴き直してみよう。発音変化のルールは適宜復習しよう。

2種類の音声を収録

CD 1-27

① **appreciated**　　　アプリーシェイティッド　▶　アプリーシェイディ [リ] ッド
☞ 破裂音 [t] の弾音化

② **77.64**　　　セヴンティーセヴン・ポイント・シクス・フォー
▶　セヴンニーセヴン・ポイン＿シクスフォー
☞ seventy の破裂音 [t] が脱落。point 末尾の [t] 音の脱落

③ **at the**　　　アット・ザ　▶　アッ＿ザ
☞ 破裂音 [t] の脱落

④ **yesterday**　　　イエスタァデイ　▶　イエスチャデイ
☞ [t(ə)r] の音が [tʃ(ə)r] に変化

⑤ **109.76**　　　ワンハンドレッド・アンド・ナイン・ポイント・セヴン・シックス
▶　ワンハンドレッダン＿ナイン・ポイン＿セヴンシックス
☞ hundred と and の連結。and の [d] 音が脱落。point の [t] 音が脱落。

⑥ **exporters**　　　エクスポーターズ　▶　エクスポーダ [ラ] ーズ
☞ 破裂音 [t] の弾音化

⑦ **industry**　　　インダストリー　▶　インダスチュリー
☞ [str] の音が [stʃr] に変化

⑧ **strong**　　　ストローング　▶　スチューローング
☞ [str] の音が [stʃr] に変化

⑨ **It cuts**　　　イット・カッツ　▶　イッ＿カッツ
☞ 破裂音 [t] の脱落

⑩ **difficult to**　　　ディフィカルト・トゥー　▶　ディフィカル＿トゥー
☞ 破裂音 [t] の脱落

⑪ **Toyota's**　　　トヨタズ　▶　トヨダ [ラ] ズ
☞ 破裂音 [t] の弾音化

⑫ **quarter**　　　クオーター　▶　クオーダ [ラ] ー
☞ 破裂音 [t] の弾音化

⑬ **last year**　　　ラスト・イヤー　▶　ラスチャー
☞ [t] + [j] の発音が同化

⑭ **thirty**　　　サーティー　▶　サーディ [リ] ー
☞ 破裂音 [t] の弾音化

⑮ **latest**　　　レイティスト　▶　レイディ [リ] スト
☞ 破裂音 [t] の弾音化

⑯ **not expected**　　　ナット・イクスペクティッド　▶　ナッディ [リ] クスペクティッ＿
☞ 2単語が連結。連結部の破裂音 [t] が弾音化。expected 末尾の [d] 音が脱落

🔊 ニューズ・リスニング（5回目）

BRICs on the Rise

「台頭するブリックス」

Stage 01 … 穴埋めニュース・リスニング

音声変化に注意して CD でニュースを聴きながら、空欄部分を埋めてみよう。

ニュース音声収録

① _____ ready for the Century ② _____ _____ BRICs! Those four ③ _____ , Brazil, Russia, India and China are already among the 10 biggest economies ④ _____ _____ world. If current growth projections are correct, they ⑤ _____ represent four of the world's five largest economies by the ⑥ _____ of this century. Together with the growing markets of eastern Europe, South America, the Arab countries and Southeast Asia, they ⑦ _____ contribute 60 percent of the world's gross domestic product by ⑧ _____ _____ . Since the BRICs are already closely ⑨ _____ _____ those areas, it seems likely that some time after ⑩ _____ , the current economic titans of the ⑪ _____ States, Western Europe and Japan ⑫ _____ _____ eclipsed. Particularly Japan, with both the smallest economy and population among those three, needs to face up to the fact that it will have to ⑬ _____ _____ life as a ⑭ _____ _____ nation.

ニュース・リスニング（1回目）

Stage 02 ··· ニュース・ボキャビル

ニュースのボキャブラリーを CD で確認しよう。そのあとでもう一度、ニュースのリスニングにチャレンジ。Stage 01 でできなかったところをもう一度聴き取って、穴埋めを完成させよう。

英日 音声収録

CD 1-29

① century	世紀
② BRICs	ブリックス（ブラジル、ロシア、インド、中国の頭文字を並べた略語）
③ current	現在の
④ growth	成長
⑤ projection(s)	予測
⑥ correct	正しい；正確な
⑦ represent	相当する
⑧ midpoint	中間点
⑨ growing market	成長市場
⑩ contribute	（結果として）寄与する
⑪ gross domestic product	GDP；国内総生産
⑫ closely	緊密に
⑬ tied to ...	…と結びついた
⑭ area	地域
⑮ titan	巨人
⑯ eclipsed	衰退して
⑰ particularly	特に
⑱ population	人口
⑲ second tier	2段目の

🔊 ニューズ・リスニング（2回目）

台頭するブリックス ··· 47

Stage 03 … 日本語トランスレーション

🎧 ニュース原稿の日本語を確認してみよう！ その上で、ニュースを聴きながら、まだできていない部分の穴埋めに再チャレンジしよう。

ブリックスの世紀がやってきます！ ブラジル、ロシア、インド、中国の4カ国は、すでに世界で十指に入る経済大国です。もし、現在の成長予測が正しければ、今世紀の折り返し点までには、世界の五指に入る経済大国となります。その時期までには、東欧諸国、南米、アラブ諸国そして東南アジアとブリックス諸国で、世界の GDP の 60% を占めるに至っている可能性があります。ブリックスはすでにこれらの地域と深いつながりをもっており、2050 年以降のある時期に、現在の経済大国であるアメリカや西欧諸国そして日本が衰退しているということは、大いにありそうです。特に日本はこれらの三極中もっとも小さな経済と人口を抱えており、第二列目の国家としての暮らしに適応する必要があるでしょう。日本は、そういった事実と向き合う必要があるのです。

🔊 ニューズ・リスニング（3 回目）

Stage 04 … 英文トランスクリプション

🎧 ニュース原稿を確認してみよう！ 穴埋め部分の正解をチェックして、英文を理解し直そう。そのあとで、もう一度ニュースを聴いてみよう。

① Get ready for the Century ② of the BRICs! Those four ③ countries, Brazil, Russia, India and China are already among the 10 biggest economies ④ in the world. If current growth projections are correct, they ⑤ could represent four of the world's five largest economies by the ⑥ midpoint of this century. Together with the growing markets of eastern Europe, South America, the Arab countries and Southeast Asia, they ⑦ could contribute 60 percent of the world's gross domestic product by ⑧ that time. Since the BRICs are already closely ⑨ tied to those areas, it seems likely that some time after ⑩ 2050, the current economic titans of the ⑪ United States, Western Europe and Japan ⑫ will be eclipsed. Particularly Japan, with both the smallest economy and population among those three, needs to face up to the fact that it will have to ⑬ adjust to life as a ⑭ second tier nation.

🔊 ニューズ・リスニング（4 回目）

Stage 05 ··· 音声変化をチェック

まとめとして、穴埋め部分の音声変化の特徴をスロースピードとナチュラルスピードで確認しよう。下記に示したカタカナ表記で音声変化を確認して、もう一度ニュースを聴き直してみよう。発音変化のルールは適宜復習しよう。

2種類の音声を収録

CD 1-30

① **Get** ゲット ▶ ゲッ＿
　☞ 末尾の破裂音 [t] が脱落

② **of the** アヴ・ザ ▶ ア＿ザ
　☞ of の [v] 音の脱落

③ **countries** カントリーズ ▶ カンチュリーズ
　☞ [ntr] の音が [ntʃr] に変化

④ **in the** イン・ザ ▶ イナ
　☞ [n] + [ð] の音が同化

⑤ **could** クッド ▶ クッ＿
　☞ 末尾の破裂音 [d] が脱落

⑥ **midpoint** ミッド・ポイント ▶ ミッ＿ポイント
　☞ 破裂音 [d] の脱落

⑦ **could** クッド ▶ クッ＿
　☞ 末尾の破裂音 [d] が脱落

⑧ **that time** ザット・タイム ▶ ザッ＿タイム
　☞ 破裂音 [t] の脱落

⑨ **tied to** タイド・トゥー ▶ タイ＿トゥー
　☞ 破裂音 [d] の脱落

⑩ **2050** トゥーサウザンド・フィフティー ▶ トゥーサウザン＿フィフティー
　☞ 破裂音 [d] の脱落

⑪ **United** ユナイティッド ▶ ユナイディ [リ] ッ＿
　☞ 破裂音 [t] の弾音化。末尾の [t] の脱落

⑫ **will be** ウィル・ビー ▶ ウィ＿ビ
　☞ [l] 音の脱落。be は「ビ」

⑬ **adjust to** アジャスト・トゥー ▶ アジャス＿トゥー
　☞ 破裂音 [t] の脱落

⑭ **second tier** セカンド・ティアー ▶ セカン＿ティアー
　☞ 破裂音 [d] の脱落

◀)) ニューズ・リスニング（5回目）

11

Parliament Member Causes Islamic Furor

「国会議員にイスラムの怒り」

stage 01 … 穴埋めニュース・リスニング

音声変化に注意してCDでニュースを聴きながら、空欄部分を埋めてみよう。

ニュース音声収録

A member of the National ① _____ of ② _____ created a shock ③ _____ by demanding a national referendum to decide whether Muslim women in Australia ④ _____ _____ banned from covering their faces in public. Similar laws already exist in France ⑤ _____ _____ , and the Italian parliament is ⑥ _____ _____ ⑦ _____ _____ vote to ⑧ _____ veils in the near future. Anti-Muslim feelings have ⑨ _____ been higher ⑩ _____ _____ than in Australia. The parliament member represents a rural district where Asian immigration, particularly from Muslim countries Malaysia and Indonesia ⑪ _____ _____ increasing. A spokesman for the ⑫ _____ ⑬ _____ _____ clear that "this member's sentiments do not represent the views of the party ⑭ _____ _____ whole." Indonesia and Malaysia are ⑮ _____ trading partners of Australia. A member of the Labor Party reacted ⑯ _____ , calling the proposal, "just plain stupid."

◀)) ニュース・リスニング（1回目）

Stage 02 … ニュース・ボキャビル

ニュースのボキャブラリーを CD で確認しよう。そのあとでもう一度、ニュースのリスニングにチャレンジ。Stage 01 でできなかったところをもう一度聴き取って、穴埋めを完成させよう。

英日 音声収録

CD 1-32

①	national	国民の；国の
②	party	党
③	create a shock	驚かせる
④	demand	要求する
⑤	national referendum	国民投票
⑥	whether ...	…かどうか
⑦	Muslim	イスラム教（の）
⑧	ban	禁止する
⑨	cover	覆う
⑩	in public	公の場で
⑪	similar	類似した
⑫	law	法律
⑬	exist	存在する
⑭	parliament	議会
⑮	outlaw	違法化する
⑯	veil	ベール；顔を覆う布
⑰	anti-	…に反対の
⑱	immigration	入植；移民
⑲	spokesman	スポークスマン；代表して話をする人
⑳	react	反応する

◀)) ニュース・リスニング（2 回目）

Stage 03 … 日本語トランスレーション

🎧 **ニュース原稿の日本語を確認してみよう！ その上で、ニュースを聴きながら、まだできていない部分の穴埋めに再チャレンジしよう。**

オーストラリア国民党のある党員が、イスラム教徒の女性が公の場所で顔を覆うことを禁止されるべきかどうかについて問う国民投票を要求し、周囲を驚かせています。同様の法律はすでにフランス、ベルギーなどに存在しており、イタリア議会も近い将来ベールを法律違反とするための投票を行うと見られています。反イスラムの感情は、伝統的にオーストラリアよりもヨーロッパで高いものでした。この議員は、アジアからの、特にイスラム教国であるマレーシアやインドネシアからの移民が増加している地域の選挙区を代表しています。党のスポークスマンは「この党員の感情が党全体としての見解を代表するものではない」と、はっきりと述べています。インドネシアやマレーシアはオーストラリアにとって重要な貿易相手国です。労働党のメンバーはこの提案を「バカげたこと」と呼び、強い口調で反応しました。

🔊 ニュース・リスニング（3回目）

Stage 04 … 英文トランスクリプション

🎧 **ニュース原稿を確認してみよう！ 穴埋め部分の正解をチェックして、英文を理解し直そう。そのあとで、もう一度ニュースを聴いてみよう。**

A member of the National ① Party of ② Australia created a shock ③ yesterday by demanding a national referendum to decide whether Muslim women in Australia ④ should be banned from covering their faces in public. Similar laws already exist in France ⑤ and Belgium, and the Italian parliament is ⑥ expected to ⑦ hold a vote to ⑧ outlaw veils in the near future. Anti-Muslim feelings have ⑨ traditionally been higher ⑩ in Europe than in Australia. The parliament member represents a rural district where Asian immigration, particularly from Muslim countries Malaysia and Indonesia ⑪ has been increasing. A spokesman for the ⑫ party ⑬ made it clear that "this member's sentiments do not represent the views of the party ⑭ as a whole." Indonesia and Malaysia are ⑮ important trading partners of Australia. A member of the Labor Party reacted ⑯ strongly, calling the proposal, "just plain stupid."

🔊 ニュース・リスニング（4回目）

Stage 05 ・・・ 音声変化をチェック

まとめとして、穴埋め部分の音声変化の特徴をスロースピードとナチュラルスピードで確認しよう。下記に示したカタカナ表記で音声変化を確認して、もう一度ニュースを聴き直してみよう。発音変化のルールは適宜復習しよう。

2種類の音声を収録

CD 1-33

① **Party** パーティー ▶ パーディ [リ] ―
☞ 破裂音 [t] の弾音化

② **Australia** オーストレイリャ ▶ オースチュレイリャ
☞ [str] の音が [stʃr] に変化

③ **yesterday** イエスタァデイ ▶ イエスチャデイ
☞ [t(ə)r] が [tʃ(ə)r] に変化

④ **should be** シュッド・ビ ▶ シュッ_ビ
☞ 破裂音 [d] の脱落

⑤ **and Belgium** アンド・ベルジャム ▶ アン_ベルジャム
☞ 破裂音 [d] の脱落

⑥ **expected to** イクスペクティッド・トゥー ▶ イクスペクティッ_トゥー
☞ 破裂音 [d] の脱落

⑦ **hold a** ホウルド・ア ▶ ホウルダ
☞ hold の [d] と次の a が連結

⑧ **outlaw** アウトロー ▶ アウ_ロー
☞ 破裂音 [t] の脱落

⑨ **traditionally** トゥラディショナリー ▶ チュラディショナリー
☞ [tr] の音が [tʃr] に変化

⑩ **in Europe** イン・ユーラプ ▶ イニューラプ
☞ in の [n] 音が次の Europe に連結

⑪ **has been** ハズ・ビン ▶ アズビン
☞ has が弱化

⑫ **party** パーティー ▶ パーディ [リ] ―
☞ 破裂音 [t] が弾音化

⑬ **made it** メイド・イット ▶ メイディ [リ] ッ_
☞ made の [d] 音が it と連結。it の末尾の [t] 音が脱落

⑭ **as a** アズ・ア ▶ アザ
☞ as の [z] に a が連結

⑮ **important** インポータント ▶ インポーダ [ラ] ン_
☞ import- の破裂音 [t] の弾音化あるいは脱落。末尾の [t] 音も脱落

⑯ **strongly** ストローングリー ▶ スチューローングリー
☞ [str] の音が [stʃr] に変化

🔊 ニューズ・リスニング（5回目）

German Beer Sales Decline

「下降するドイツのビール販売」

stage 01 ··· 穴埋めニュース・リスニング

音声変化に注意してCDでニュースを聴きながら、空欄部分を埋めてみよう。

ニュース音声収録

Germans love their beer, ① _____ _____ sales of the national drink slumped ② _____ _____ to their lowest level since 1991, ③ _____ _____ official statistics published yesterday. Sales of German beer ④ _____ _____ just under 2.2 billion gallons ⑤ _____ _____ . This represents a fall of nearly three percent on the previous year. In ⑥ _____ _____ , beer sales ⑦ _____ _____ declining steadily in Germany. The one exception was 2006, when Germany's hosting of the World Cup ⑧ _____ _____ a substantial bump. German beer producers are ⑨ _____ _____ work developing new brands. They hope that will convince their citizens to start drinking the country's most popular beverage in ⑩ _____ quantities again. The main targets are ⑪ _____ , who are increasingly opting for wine ⑫ _____ _____ go out. ⑬ _____ _____ is a tough ⑭ _____ _____ persuade. They are ⑮ _____ _____ dine on lighter fare while drinking, such as cheese, which is traditionally served alongside wine.

◀)) ニュース・リスニング（1回目）

Stage 02 … ニュース・ボキャビル

🎧 ニュースのボキャブラリーを CD で確認しよう。そのあとでもう一度、ニュースのリスニングにチャレンジ。Stage 01 でできなかったところをもう一度聴き取って、穴埋めを完成させよう。

英日 音声収録

CD 1-35

①	domestic	国内の；自国の
②	sales	売上
③	national	国民の；国民的な
④	slump	不振になる；スランプになる
⑤	official	公式の
⑥	statistics	統計
⑦	publish	刊行する；発行する
⑧	billion	10 億
⑨	gallon	ガロン
⑩	previous	前の
⑪	decline	下降する
⑫	steadily	着実に
⑬	host	主催する
⑭	substantial	かなりの
⑮	bump	上昇
⑯	convince	説得する
⑰	quantity	量
⑱	twentysomethings	20 代の人たち
⑲	dine on ...	…を食べる
⑳	fare	食べ物

🔊 ニュース・リスニング（2 回目）

stage 03 … 日本語トランスレーション

🎧 ニュース原稿の日本語を確認してみよう！ その上で、ニュースを聴きながら、まだできていない部分の穴埋めに再チャレンジしよう。

ドイツ人はビールが大好きです。昨日発表された公式な統計によると、この国民的な飲み物であるビールの国内販売が、昨年、1991 年以来過去最低のレベルに落ち込みました。ドイツでのビールの販売は、昨年、ちょうど 22 億ガロンを切るところまで落ちました。これは、前年比でほぼ 3％の減少です。近年、ドイツにおけるビールの消費は着実に減少してきました。ドイツが主催したワールドカップが消費の相当な回復につながった 2006 年だけが唯一の例外でした。ドイツのビール生産者は、懸命に新ブランドの開発に努めています。新ブランドによって、お酒の中では消費量 No. 1 のビールを、市民が再び大量に飲み始めるようになることを期待しているのです。メインのターゲットは、外呑みでどんどんワインへの志向を強めている 20 代の若者たちです。しかし、これは非常に取り込みの難しい市場と言えます。若者たちはお酒を飲むときにチーズなどの軽い食べ物を選択するようになっています。そして、これは伝統的にワインといっしょに出されるものなのです。

🔊 ニュース・リスニング（3 回目）

stage 04 … 英文トランスクリプション

🎧 ニュース原稿を確認してみよう！ 穴埋め部分の正解をチェックして、英文を理解し直そう。そのあとで、もう一度ニュースを聴いてみよう。

Germans love their beer, ① but domestic sales of the national drink slumped ② last year to their lowest level since 1991, ③ according to official statistics published yesterday. Sales of German beer ④ dropped to just under 2.2 billion gallons ⑤ last year. This represents a fall of nearly three percent on the previous year. In ⑥ recent years, beer sales ⑦ have been declining steadily in Germany. The one exception was 2006, when Germany's hosting of the World Cup ⑧ led to a substantial bump. German beer producers are ⑨ hard at work developing new brands. They hope that will convince their citizens to start drinking the country's most popular beverage in ⑩ greater quantities again. The main targets are ⑪ twentysomethings, who are increasingly opting for wine ⑫ when they go out. ⑬ But that is a tough ⑭ market to persuade. They are ⑮ choosing to dine on lighter fare while drinking, such as cheese, which is traditionally served alongside wine.

🔊 ニュース・リスニング（4 回目）

Stage 05 … 音声変化をチェック

まとめとして、穴埋め部分の音声変化の特徴をスロースピードとナチュラルスピードで確認しよう。下記に示したカタカナ表記で音声変化を確認して、もう一度ニュースを聴き直してみよう。発音変化のルールは適宜復習しよう。

2種類の音声を収録

CD 1-36

① **but domestic** バット・ダメスティック ▶ バッ_ダメスティック
☞ 破裂音 [t] の脱落

② **last year** ラスト・イヤー ▶ ラスチャー
☞ [t] と [j] の音が同化

③ **according to** アコーディング・トゥー ▶ アコーディン_トゥー
☞ 破裂音 [g] の脱落

④ **dropped to** ドラップト・トゥー ▶ ドラップ_トゥー
☞ 破裂音 [t] の脱落

⑤ **last year** ラスト・イヤー ▶ ラスチャー
☞ [t] と [j] の音が同化

⑥ **recent years** リーセント・イヤーズ ▶ リーセンチャーズ
☞ [t] と [j] の音が同化

⑦ **have been** ハヴ・ビン ▶ アヴビン
☞ have が弱化して「アヴ」と発音

⑧ **led to** レッド・トゥー ▶ レッ_トゥー
☞ 破裂音 [d] の脱落

⑨ **hard at** ハード・アット ▶ ハーダ [ラ] ッ_
☞ 破裂音 [d] の弾音化。末尾の [t] が脱落する場合もある

⑩ **greater** グレイター ▶ グレイダ [ラ] ー
☞ 破裂音 [t] の弾音化

⑪ **twentysomethings** トゥエンティーサムスィングズ ▶ トゥエニーサムスィングズ
☞ 破裂音 [t] の脱落

⑫ **when they** ウェン・ゼイ ▶ ウェネイ
☞ [n] + [ð] の音が同化

⑬ **But that** バット・ザット ▶ バッ_ザッ_
☞ 2カ所で破裂音 [t] が脱落。末尾の [t] が弾音化する場合もある

⑭ **market to** マーキット・トゥー ▶ マーキッ_トゥー
☞ 破裂音 [t] の脱落

⑮ **choosing to** チューズィング・トゥー ▶ チューズィン_トゥー
☞ 破裂音 [g] の脱落

🔊 ニューズ・リスニング（5回目）

13

Two Fatality Crash in Joplin County
「ジョプリン郡の事故で死者2名」

stage 01···穴埋めニュース・リスニング

音声変化に注意してCDでニュースを聴きながら、空欄部分を埋めてみよう。

ニュース音声収録

CD 1-37

Two people have ① _____ _____ Joplin County, Michigan after a two vehicle crash. ② _____ _____ Michigan State Police, the crash happened around ③ _____ a.m. on I-65 near the Canada border. Police said two Detroit residents died in the accident. ④ _____ _____ press statement, Patroller Fred Duncan said Steven Paxley of Detroit was driving a 1996 Western Star truck Wednesday morning. Officials said the ⑤ _____ _____ traffic was slow ⑥ _____ _____ ongoing construction. The road was also reduced to one lane ⑦ _____ _____ point of the collision. Paxley, for an unknown reason, did not brake and crashed into a car driven by ⑧ _____ _____ _____ victims. The driver of the car, Doris Semper, also from Detroit, was ⑨ _____ dead on the scene. Paxley was taken to a ⑩ _____ where he died two hours ⑪ _____ . The crash ⑫ _____ _____ under investigation.

🔊 ニュース・リスニング（1回目）

Stage 02 … ニュース・ボキャビル

ニュースのボキャブラリーを CD で確認しよう。そのあとでもう一度、ニュースのリスニングにチャレンジ。Stage 01 でできなかったところをもう一度聴き取って、穴埋めを完成させよう。

英日 音声収録

CD 1-38

① county	郡
② vehicle	乗り物；自動車
③ state police	州警察
④ crash	衝突事故
⑤ border	国境
⑥ resident	住民
⑦ die	死亡する
⑧ statement	声明
⑨ official	当局者
⑩ condition	状態
⑪ traffic	交通
⑫ ongoing	進行中の
⑬ construction	工事
⑭ reduce	削減する
⑮ lane	車線；レーン
⑯ collision	衝突
⑰ unknown	不明の
⑱ victim	犠牲者
⑲ pronounce	発表する；公表する
⑳ on the scene	現場で
㉑ under investigation	捜査中の

◀)) ニュース・リスニング（2回目）

stage 03 … 日本語トランスレーション

🎧 ニュース原稿の日本語を確認してみよう！　その上で、ニュースを聴きながら、まだできていない部分の穴埋めに再チャレンジしよう。

2台による自動車事故のあと、ミシガンのジョプリン郡で2名が亡くなりました。ミシガン州警察によりますと、事故はカナダ国境付近の国道65号線で、午前11時40分頃に発生しました。警察によると、2人のデトロイト市民がこの事故で亡くなったとのことです。水曜日の朝デトロイトのスティーヴン・パクスリーがウェスタン・スター社の1996年製トラックを運転していたと、巡視員のフレッド・ダンカンがプレス発表として述べました。公式な発表では、交通状況は進行中の建設工事のためにゆっくりとしていたということです。また、道路は、衝突地点では1車線に減少されていました。パクスリーさんはなんらかの理由でブレーキを踏まず、犠牲者（のひとり）が運転する車に衝突しました。車を運転していたのは、同じくデトロイトのドリス・センパーさんでしたが、その場で亡くなったと発表されました。パクスリーさんは病院に運ばれましたが、2時間後に死亡しました。この事故の捜査はまだ継続中です。

🔊 ニュース・リスニング（3回目）

stage 04 … 英文トランスクリプション

🎧 ニュース原稿を確認してみよう！　穴埋め部分の正解をチェックして、英文を理解し直そう。そのあとで、もう一度ニュースを聴いてみよう。

Two people have ① died in Joplin County, Michigan after a two vehicle crash. ② According to Michigan State Police, the crash happened around ③ 11:40 a.m. on I-65 near the Canada border. Police said two Detroit residents died in the accident. ④ In a press statement, Patroller Fred Duncan said Steven Paxley of Detroit was driving a 1996 Western Star truck Wednesday morning. Officials said the ⑤ condition of traffic was slow ⑥ due to ongoing construction. The road was also reduced to one lane ⑦ at the point of the collision. Paxley, for an unknown reason, did not brake and crashed into a car driven by ⑧ one of the victims. The driver of the car, Doris Semper, also from Detroit, was ⑨ pronounced dead on the scene. Paxley was taken to a ⑩ hospital where he died two hours ⑪ later. The crash ⑫ is still under investigation.

🔊 ニュース・リスニング（4回目）

Stage 05 ・・・ 音声変化をチェック

まとめとして、穴埋め部分の音声変化の特徴をスロースピードとナチュラルスピードで確認しよう。下記に示したカタカナ表記で音声変化を確認して、もう一度ニュースを聴き直してみよう。発音変化のルールは適宜復習しよう。

2種類の音声を収録

CD 1-39

① **died in**　　　　　　　　　　ダイド・イン　　　　▶　　ダイディ [リ] ン
   ☞ died の [d] と in が連結。[d] 音は弾音化する場合もある

② **According to**　　　　　　　アコーディング・トゥー　▶　アコーディ [リ] ン_トゥー
   ☞ 破裂音 [g] の脱落。[d] 音は弾音化する場合もある

③ **11:40**　　　　　　　　　　イレヴン・フォーティー　▶　イレヴンフォーディ [リ] ー
   ☞ 破裂音 [t] の弾音化

④ **In a**　　　　　　　　　　　イン・ア　　　　　　　▶　イナ
   ☞ in の [n] に a が連結

⑤ **condition of**　　　　　　　カンディシャン・アヴ　　▶　カンディシャナヴ
   ☞ condition の [n] に of が連結

⑥ **due to**　　　　　　　　　　デュー・トゥー　　　　　▶　デュードゥ [ル] ー
   ☞ 破裂音 [t] の弾音化

⑦ **at the**　　　　　　　　　　アット・ザ　　　　　　　▶　アッ_ザ
   ☞ 破裂音 [t] の脱落

⑧ **one of the**　　　　　　　　ワン・アヴ・ザ　　　　　▶　ワナ_ザ
   ☞ one の [n] に of が連結。of の [v] 音が脱落

⑨ **pronounced**　　　　　　　　プラナウンスト　　　　　▶　プラナウンツト
   ☞ [ns] の間に [t] 音の割り込み

⑩ **hospital**　　　　　　　　　ハスピトゥル　　　　　　▶　ハスピドゥ [ル] ル
   ☞ 破裂音 [t] の弾音化

⑪ **later**　　　　　　　　　　レイター　　　　　　　　▶　レイダ [ラ] ー
   ☞ 破裂音 [t] の弾音化

⑫ **is still**　　　　　　　　　イズ・スティル　　　　　▶　イ_スティル
   ☞ 類似した子音の連続による脱落

🔊 ニューズ・リスニング（5回目）

14

Man Charged in Child Murder Case
「子供の殺害で男性を告発」

stage 01 … 穴埋めニュース・リスニング

音声変化に注意してCDでニュースを聴きながら、空欄部分を埋めてみよう。

ニュース音声収録

CD 1-40

A man with a ① _____ of violence in East Oakland was charged with murder Tuesday. The charge was in connection ② _____ _____ daylight ③ _____ death of a 7-year-old boy. Carmen DiSanti, ④ _____ , ⑤ _____ _____ striped shirt and appearing unshaven, arrived ⑥ _____ _____ Oakland court but did not enter a plea to the charge of murder for the ⑦ _____ shooting death ⑧ _____ _____ boy, Joseph Silva. Police say DiSanti was trying to kill a rival gang's member. He ⑨ _____ shot Joseph while the boy was ⑩ _____ _____ family ⑪ _____ _____ restaurant at 64th Avenue and ⑫ _____ Boulevard around 1 p.m. Sunday. ⑬ _____ _____ _____ neighborhood familiar with gunfire, Joseph's killing resulted in outrage and shock. Toys, flowers and baseball cards were piled Wednesday ⑭ _____ _____ memorial ⑮ _____ _____ scene of the death.

🔊 ニュース・リスニング（1回目）

Stage 02 ··· ニュース・ボキャビル

ニュースのボキャブラリーを CD で確認しよう。そのあとでもう一度、ニュースのリスニングにチャレンジ。Stage 01 でできなかったところをもう一度聴き取って、穴埋めを完成させよう。

英日 音声収録

CD 1-41

① history	前科；前歴
② violence	暴行；暴力行為
③ be charged with ...	…で告発される
④ connection	関連
⑤ daylight	白昼の
⑥ shooting	狙撃
⑦ striped	縞模様の
⑧ unshaven	無精ひげを生やした
⑨ court	法廷
⑩ enter a plea	申し立てをする
⑪ charge	嫌疑
⑫ murder	殺人
⑬ drive-by	車上からの
⑭ try to ...	…しようとする
⑮ rival	敵対者
⑯ allegedly	伝えられるところでは
⑰ avenue / boulevard	大通り
⑱ result in ...	結果として…になる
⑲ outrage	憤慨；強い怒り
⑳ pile	積み重ねる
㉑ at a memorial	追悼の場で

◀)) ニュース・リスニング（2 回目）

stage 03···日本語トランスレーション

🎧 ニュース原稿の日本語を確認してみよう！ その上で、ニュースを聴きながら、まだできていない部分の穴埋めに再チャレンジしよう。

火曜日、東オークランドで暴行の前科のある男が、殺人容疑で逮捕されました。容疑は、白昼、7歳の男の子を射殺した事件に関するものです。縞模様のシャツを着て無精ひげを生やした26歳のカルメン・ディサンティは、法廷に入りましたが、ジョセフ・シルバ少年の車上からの射殺こよる殺人の容疑に関して、有罪あるいは無罪の申し立てをしませんでした。警察によると、ディサンティ容疑者は敵対するあるギャングのメンバーの殺害を狙っていたとのことです。日曜日の午後1時頃、家族といっしょに64番街と国際大通りの交差点にあるレストランの外にいたジョセフ君を撃ったとされています。銃声には慣れている地域であるにもかかわらず、ジョセフ君の殺害は怒りとショックを与えました。水曜日、少年が亡くなった場所に設けられた追悼の場には、玩具や花、ベースボールカードが山のように積まれました。

🔊 ニューズ・リスニング（3回目）

stage 04···英文トランスクリプション

🎧 ニュース原稿を確認してみよう！ 穴埋め部分の正解をチェックして、英文を理解し直そう。そのあとで、もう一度ニュースを聴いてみよう。

A man with a ① history of violence in East Oakland was charged with murder Tuesday. The charge was in connection ② with the daylight ③ shooting death of a 7-year-old boy. Carmen DiSanti, ④ 26, ⑤ wearing a striped shirt and appearing unshaven, arrived ⑥ in an Oakland court but did not enter a plea to the charge of murder for the ⑦ drive-by shooting death ⑧ of the boy, Joseph Silva. Police say DiSanti was trying to kill a rival gang's member. He ⑨ allegedly shot Joseph while the boy was ⑩ with his family ⑪ outside a restaurant at 64th Avenue and ⑫ International Boulevard around 1 p.m. Sunday. ⑬ Even in a neighborhood familiar with gunfire, Joseph's killing resulted in outrage and shock. Toys, flowers and baseball cards were piled Wednesday ⑭ at a memorial ⑮ at the scene of the death.

🔊 ニューズ・リスニング（4回目）

Stage 05 … 音声変化をチェック

まとめとして、穴埋め部分の音声変化の特徴をスロースピードとナチュラルスピードで確認しよう。下記に示したカタカナ表記で音声変化を確認して、もう一度ニュースを聴き直してみよう。発音変化のルールは適宜復習しよう。

2種類の音声を収録

CD 1-42

① **history** ヒスタリー ▶ ヒスチュリー
☞ [t(ə)r] の音が [tʃ(ə)r] に変化

② **with the** ウィズ・ザ ▶ ウィ_ザ
☞ 同じ子音の連続による [ð] 音の脱落

③ **shooting** シューティング ▶ シューディ [リ] ン_
☞ 破裂音 [t] の弾音化。破裂音 [g] の脱落

④ **26** トゥエンティーシックス ▶ トゥエニーシックス
☞ 破裂音 [t] の脱落

⑤ **wearing a** ウェアリング・ア ▶ ウェアリナ
☞ wearing の破裂音 [g] の脱落。[n] 音に a が連結

⑥ **in an** イン・アン ▶ イナン
☞ in の [n] 音に an が連結

⑦ **drive-by** ドライヴ・バイ ▶ ドライ_バイ
☞ drive の [v] 音の脱落

⑧ **of the** アヴ・ザ ▶ ア_ザ
☞ of の [v] 音の脱落

⑨ **allegedly** アレッジドリー ▶ アレッジ_リー
☞ 破裂音 [d] の脱落

⑩ **with his** ウィズ・ヒズ ▶ ウィズィズ
☞ with に弱化した his [ィズ] が連結

⑪ **outside a** アウトサイド・ア ▶ アウ_サイダ [ラ]
☞ [t] 音の脱落。outside の [d] 音に a が連結。[d] 音は弾音化することもある

⑫ **International** インターナショヌル ▶ イナーナショヌル
☞ 破裂音 [t] の脱落

⑬ **Even in a** イーヴン・イン・ア ▶ イーヴニナ
☞ 3語がすべて連結

⑭ **at a** アット・ア ▶ アッダ [ラ]
☞ at と a が連結。連結部の [t] 音の弾音化

⑮ **at the** アット・ザ ▶ アッ_ザ
☞ 破裂音 [t] の脱落

🔊 ニューズ・リスニング（5回目）

子供の殺害で男性を告発

Less Fines for Copyright Infringement

「低下する著作権侵害の科料」

stage 01 ··· 穴埋めニュース・リスニング

音声変化に注意してCDでニュースを聴きながら、空欄部分を埋めてみよう。

ニュース音声収録

Although there are an increasing ① _____ _____ copyright ② _____ _____ in South Korea, less violators were prosecuted over the past two years, ③ _____ _____ a recent report. Illegal downloads or copies ④ _____ _____ the national ⑤ _____ _____ ⑥ _____ rose sharply to 250,000 cases ⑦ _____ _____ , up from ⑧ _____ in 2009, according to the report. Furthermore, the rate is increasing. ⑨ _____ _____ alone, ⑩ _____ cases were discovered as of late July. However, the number of those who were fined for copyright violations fell from ⑪ _____ in 2009 to ⑫ _____ in 2010, the report said. Todd Ackerman, a businessman who lives in Seoul, said, "I'm sure the Korean government will start ⑬ _____ _____ . They don't like the reputation that they just ⑭ _____ _____ this ⑮ _____ _____ stuff." He mentioned ⑯ _____ _____ own company, a U.S. firm with a branch in Seoul, has been involved in lawsuits over copyright violation in the past.

ニュース・リスニング（1回目）

Stage 02 ··· ニュース・ボキャビル

ニュースのボキャブラリーを CD で確認しよう。そのあとでもう一度、ニュースのリスニングにチャレンジ。Stage 01 でできなかったところをもう一度聴き取って、穴埋めを完成させよう。

英日 音声収録

CD 1-44

① although ...	…だけれども；…だが
② copyright	著作権
③ infringement	違反；侵害
④ violator	違反者；反則者
⑤ prosecute	起訴する
⑥ according to ...	…によると
⑦ illegal	違法の
⑧ download	ダウンロード
⑨ national	国の
⑩ protection	保護
⑪ sharply	鋭く；急激に
⑫ as of ...	…現在
⑬ fine	罰金を科す
⑭ violation	違反
⑮ government	政府
⑯ crack down	厳しく取り締まる
⑰ reputation	評判；噂
⑱ wink at ...	…に目をつぶる
⑲ lawsuit	訴訟

◀)) ニュース・リスニング（2 回目）

低下する著作権侵害の科料 ··· 67

Stage 03 … 日本語トランスレーション

🎧 ニュース原稿の日本語を確認してみよう！ その上で、ニュースを聴きながら、まだできていない部分の穴埋めに再チャレンジしよう。

最近の報告書によりますと、韓国では著作権法違反の事件数の増加にもかかわらず、過去2年間の違反者の起訴件数は減少しています。報告書によりますと、国の著作権保護センターによって発見された違法なダウンロードやコピーは、昨年25万件と、2009年の17万件と比べて急上昇しています。さらに、その割合も上昇しつつあります。今年だけを取ってみると、7月下旬現在、14万件が見つかっているのです。しかしながら、著作権法違反で罰金を科せられた人は2009年の3650人から2010年の2025人に減少してると報告書は述べています。「韓国政府は壊滅作戦を開始すると確信しています。この種の件を見て見ぬふりをしているという評判をよしとしないと思います」と、ソウル市在住のビジネスマンであるトッド・アッカーマンは言います。ソウルに支社を置くアメリカ企業である彼自身の会社も、過去、著作権法違反の訴訟に関わってきたと話してくれました。

🔊 ニュース・リスニング（3回目）

Stage 04 … 英文トランスクリプション

🎧 ニュース原稿を確認してみよう！ 穴埋め部分の正解をチェックして、英文を理解し直そう。そのあとで、もう一度ニュースを聴いてみよう。

Although there are an increasing ① number of copyright ② infringement cases in South Korea, less violators were prosecuted over the past two years, ③ according to a recent report. Illegal downloads or copies ④ discovered by the national ⑤ copyright protection ⑥ center rose sharply to 250,000 cases ⑦ last year, up from ⑧ 170,000 in 2009, according to the report. Furthermore, the rate is increasing. ⑨ This year alone, ⑩ 140,000 cases were discovered as of late July. However, the number of those who were fined for copyright violations fell from ⑪ 3,650 in 2009 to ⑫ 2,025 in 2010, the report said. Todd Ackerman, a businessman who lives in Seoul, said, "I'm sure the Korean government will start ⑬ cracking down. They don't like the reputation that they just ⑭ wink at this ⑮ kind of stuff." He mentioned ⑯ that his own company, a U.S. firm with a branch in Seoul, has been involved in lawsuits over copyright violation in the past.

🔊 ニュース・リスニング（4回目）

Stage 05 … 音声変化をチェック

まとめとして、穴埋め部分の音声変化の特徴をスロースピードとナチュラルスピードで確認しよう。下記に示したカタカナ表記で音声変化を確認して、もう一度ニュースを聴き直してみよう。発音変化のルールは適宜復習しよう。

2種類の音声を収録

CD 1-45

① **number of** ナンバー・アヴ ▶ ナンバーラヴ
☞ number の [r] 音に of が連結

② **infringement cases** インフリンジメント・ケイスィズ ▶ インフリンジメン_ケイスィズ
☞ 破裂音 [t] の脱落

③ **according to** アコーディング・トゥー ▶ アコーディン_トゥー
☞ 破裂音 [g] の脱落

④ **discovered by** ディスカヴァード・バイ ▶ ディスカヴァー_バイ
☞ 破裂音 [d] の脱落

⑤ **copyright protection** カピーライト・プラテクシャン ▶ カピーライ_プラテクシャン
☞ 破裂音 [t] の脱落

⑥ **center** センター ▶ セナー
☞ 破裂音 [t] の脱落

⑦ **last year** ラスト・イヤー ▶ ラスチャー
☞ [t] と [j] の音が同化

⑧ **170,000** ワンハンドレッド・セヴンティー・サウザンド ▶ ワンハンドレッ_セヴニーサウザン_
☞ seventy の [t] 音が脱落。他の2カ所で破裂音 [d] が脱落

⑨ **This year** ズィス・イヤー ▶ ズィシャー
☞ [s] と [j] が同化

⑩ **140,000** ワンハンドレッド・フォーティー・サウザンド ▶ ワンハンドレッ_フォーディ[リ] ーサウザン_
☞ forty の [t] 音が弾音化。他の2カ所で破裂音 [d] の脱落

⑪ **3,650** スリーサウザンド・シックスハンドレッド・アンド・フィフティー
▶ スリーサウザン_シックスハンドレッダ [ラ] ンドフィフティー
☞ thousand の [d] 音の脱落。-hundred の [d] 音に and が連結。連結部の [d] 音の弾音化

⑫ **2,025** トゥーサウザンド・トゥエンティーファイヴ ▶ トゥーサウザン_トゥエニーファイヴ
☞ thousand の [d] 音の脱落。twenty の [t] 音の脱落

⑬ **cracking down** クラッキング・ダウン ▶ クラッキン_ダウン
☞ 破裂音 [g] の脱落

⑭ **wink at** ウィンク・アット ▶ ウィンカッ_
☞ wink の [k] に at が連結。at の [t] の脱落

⑮ **kind of** カインド・アヴ ▶ カイナ_
☞ 2語が連結。同時に kind の [d] と of の [v] 音が脱落

⑯ **that his** ザット・ヒズ ▶ ザディ [リ] ズ
☞ his は [ィズ] と弱化。that の [t] に his が連結し、連結部が弾音化

◀)) ニューズ・リスニング（5回目）

16. Settlement Reached in Malpractice Suit

「医療過誤裁判で示談が成立」

Stage 01 … 穴埋めニュース・リスニング

音声変化に注意してCDでニュースを聴きながら、空欄部分を埋めてみよう。

ニュース音声収録

The ① _____ _____ Ohio and Bloomberg Children's ② _____ have settled a medical malpractice lawsuit. ③ _____ _____ hospital ④ _____ _____ ⑤ _____ _____ the charges, ⑥ _____ _____ a Cleveland Dispatch report. The lawsuit ⑦ _____ _____ boy who had surgery for an intestinal condition in 2009. According to his lawyers, the boy's legs were ⑧ _____ for more than half a day, resulting in tissue damage ⑨ _____ _____ legs. One leg had to be amputated, while the other leg requires an ankle support in order for him to walk. The boy's mother accused BCH of ⑩ _____ _____ detect the tissue damage during her son's operation. The amount of the ⑪ _____ ⑫ _____ _____ _____ released yet. The family went to trial asking for 3.5 million dollars. "Money is not the issue," said the boy's mother, ⑬ _____ _____ tears, "but this ⑭ _____ has to accept ⑮ _____ for, basically, ruining our boy's life."

◀)) ニュース・リスニング（1回目）

Stage 02 ニューズ・ボキャビル

ニュースのボキャブラリーを CD で確認しよう。そのあとでもう一度、ニュースのリスニングにチャレンジ。Stage 01 でできなかったところをもう一度聴き取って、穴埋めを完成させよう。

英日 音声収録

CD 1-47

①	state	州
②	settle	(法的な) 決着をつける
③	medical malpractice	医療過誤
④	lawsuit	裁判
⑤	admit to ...	…を認める
⑥	charge	容疑
⑦	concern	…を取り扱う
⑧	surgery	外科手術
⑨	intestinal	腸の
⑩	elevate	持ち上げる
⑪	result in ...	結果…となる
⑫	tissue damage	組織の損傷
⑬	amputate	(手術で) 切断する
⑭	ancle	足首；くるぶし
⑮	support	支持器具
⑯	accuse	告発する；責める
⑰	detect	気づく
⑱	operation	手術
⑲	trial	裁判
⑳	responsibility	責任
㉑	ruin	壊す

◀)) ニューズ・リスニング (2 回目)

Stage 03 … 日本語トランスレーション

🎧 ニュース原稿の日本語を確認してみよう！ その上で、ニュースを聴きながら、まだできていない部分の穴埋めに再チャレンジしよう。

オハイオ州とブルームバーグ子供病院は医療過誤訴訟を示談（で解決すること）にしました。しかし、クリーブランド・ディスパッチ紙の報告によりますと、病院側は容疑を認めていません。裁判は、2009 年に腸の外科手術を受けた少年の案件を扱ったものです。少年の弁護士によりますと、少年の両脚は半日以上持ち上げられ、その結果、脚の組織に損傷を受けたということです。片足を切断しなければならなくなり、もう一方の脚は、歩行の際、足首に装具をつける必要があります。少年の母親は、病院が、手術中に少年の組織への損傷に気づくことに失敗したとして訴えています。賠償額はまだ発表されていませんが、家族は、350 万ドルを要求して裁判に入りました。「お金は問題ではありません。基本的に私たちの息子の人生をダメにしてしまった責任を、病院は取らなければならないのです」と、少年の母親は涙をこらえながら訴えました。

🔊 ニュース・リスニング（3 回目）

Stage 04 … 英文トランスクリプション

🎧 ニュース原稿を確認してみよう！ 穴埋め部分の正解をチェックして、英文を理解し直そう。そのあとで、もう一度ニュースを聴いてみよう。

The ① state of Ohio and Bloomberg Children's ② Hospital have settled a medical malpractice lawsuit. ③ But the hospital ④ has not ⑤ admitted to the charges, ⑥ according to a Cleveland Dispatch report. The lawsuit ⑦ concerned a boy who had surgery for an intestinal condition in 2009. According to his lawyers, the boy's legs were ⑧ elevated for more than half a day resulting in tissue damage ⑨ to his legs. One leg had to be amputated, while the other leg requires an ankle support in order for him to walk. The boy's mother accused BCH of ⑩ failing to detect the tissue damage during her son's operation. The amount of the ⑪ settlement ⑫ has not been released yet. The family went to trial asking for 3.5 million dollars. "Money is not the issue," said the boy's mother, ⑬ holding back tears, "but this ⑭ hospital has to accept ⑮ responsibility for, basically, ruining our boy's life."

🔊 ニュース・リスニング（4 回目）

Stage 05 … 音声変化をチェック

まとめとして、穴埋め部分の音声変化の特徴をスロースピードとナチュラルスピードで確認しよう。下記に示したカタカナ表記で音声変化を確認して、もう一度ニュースを聴き直してみよう。発音変化のルールは適宜復習しよう。

2種類の音声を収録

CD 1-48

① **state of** 　　　　ステイト・アヴ　　▶　ステイダ [ラ] ヴ
☞ 2語が連結。連結部の破裂の [t] が弾音化

② **Hospital** 　　　　ハスピトゥル　　▶　ハスピドゥ [ル] ル
☞ 破裂音 [t] の弾音化

③ **But the** 　　　　バット・ザ　　▶　バッ＿ザ
☞ 破裂音 [t] の脱落

④ **has not** 　　　　ハズ・ナット　　▶　アズナット
☞ has は弱化して [アズ]。ニュース音声ではナットは後続の admit と連結し、連結部が弾音化

⑤ **admitted to** 　　　　アドミティド・トゥー　　▶　アドミディ [リ] ＿トゥー
☞ 破裂音 [t] の弾音化。破裂音 [d] の脱落

⑥ **according to** 　　　　アコーディング・トゥー　　▶　アコーディ [リ] ン＿トゥー
☞ 破裂音 [g] の脱落。[d] 音は弾音化する場合もある

⑦ **concerned a** 　　　　カンサーンド・ア　　▶　カンサーダ
☞ concerned の [d] 音に a が連結

⑧ **elevated** 　　　　エレヴェイティッド　　▶　エレヴェイディ [リ] ッド
☞ 破裂音 [t] の弾音化

⑨ **to his** 　　　　トゥー・ヒズ　　▶　トゥーイズ
☞ to に弱化した his [ィズ] が連結

⑩ **failing to** 　　　　フェイリング・トゥー　　▶　フェイリン＿トゥー
☞ 破裂音 [g] の脱落

⑪ **settlement** 　　　　セトゥルメント　　▶　セドゥ [ル] ルメン＿
☞ 破裂音 [t] の弾音化。末尾の [t] 音の脱落

⑫ **has not been** 　　　　ハズ・ナット・ビン　　▶　ハズナッ＿ビン
☞ not の [t] 音の脱落。ニュースでは has も弱化して [アズ] と発音

⑬ **holding back** 　　　　ホウルディング・バック　　▶　ホウルディン＿バック
☞ 破裂音 [g] の脱落

⑭ **hospital** 　　　　ハスピトゥル　　▶　ハスピドゥ [ル] ル
☞ 破裂の [t] の弾音化

⑮ **responsibility** 　　　　リスパンサビラティー　　▶　リスパンサビラディ [リ] ー
☞ 破裂音 [t] の弾音化

◀)) ニューズ・リスニング（5回目）

Banker Charged with Tax Evasion

「脱税で銀行員を告訴」

stage 01 … 穴埋めニュース・リスニング

音声変化に注意して CD でニュースを聴きながら、空欄部分を埋めてみよう。

ニュース音声収録

The U.S. government charged a former Cayman ① _____ _____ with tax evasion. This was the ② _____ move ③ _____ _____ major crackdown by the Internal Revenue Service on white-collar crime. The federal government has increased its efforts to crack ④ _____ _____ foreign ⑤ _____ _____ in ⑥ _____ _____ by going after offshore banks that help ⑦ _____ . Todd Newman, the former banker, ⑧ _____ helped more than 100 clients. They were able to hide more than $215 million of offshore funds at various Cayman ⑨ _____ _____ . Mr. Newman has ⑩ _____ ⑪ _____ _____ home in Chicago, and has ⑫ _____ fled the country, officials report. He will face ⑬ _____ arrest if he attempts to reenter the ⑭ _____ , they added. Cayman Credit has long ⑮ _____ the reputation of being a safe haven for millionaires, and billionaires, to conceal funds in order to evade taxes. Originally known as Cayman Holdings, ⑯ _____ _____ its name in 1987 after a sting operation conducted by the IRS revealed it to be engaged in illegal practices.

◀)) ニュース・リスニング（1回目）

Stage 02 … ニュース・ボキャビル

🎧 ニュースのボキャブラリーを CD で確認しよう。そのあとでもう一度、ニュースのリスニングにチャレンジ。Stage 01 でできなかったところをもう一度聴き取って、穴埋めを完成させよう。

英日 音声収録

①	credit bank	貸付銀行
②	tax evasion	脱税
③	Internal Revenue Service	国税庁；歳入局
④	white-collar crime	ホワイトカラーの犯罪（横領・背任・着服などの犯罪）
⑤	federal government	連邦政府
⑥	increase	増強する
⑦	crack down on ...	…を厳しく取り締まる
⑧	go after ...	…を追跡する
⑨	offshore banks/funds	海外の銀行／資金
⑩	cheater	不正を働く者；詐欺師
⑪	allegedly	伝えられるところでは
⑫	fled	flee（逃亡する）の過去形
⑬	face	直面する
⑭	arrest	逮捕
⑮	attempt	企て
⑯	reenter	再入場する
⑰	reputation	よい評判；悪評；うわさ
⑱	safe haven	安全な避難所；安息の地
⑲	conceal	隠す；隠蔽する
⑳	sting operation	おとり捜査
㉑	illegal	不法な

🔊 ニュース・リスニング（2 回目）

stage 03 ... 日本語トランスレーション

🎧 ニュース原稿の日本語を確認してみよう！ その上で、ニュースを聴きながら、まだできていない部分の穴埋めに再チャレンジしよう。

アメリカ政府は、ケイマン貸付銀行の元職員を脱税の容疑で訴えました。これは、国税庁によるホワイトカラー犯罪に関する大がかりな捜査の最新の動きです。ここ数年、連邦政府は、脱税を援助する外国銀行を追跡し、外国での脱税の取り締まりを強化しています。元銀行員のトッド・ニューマンは、100人以上の顧客を幇助したものとされています。顧客たちは、ケイマン諸島の多様な銀行で2億1500万ドルを超える国外資金の隠匿に成功しました。ニューマン氏は、シカゴの自宅から逃亡し、おそらくは国外に逃れていると思われると、当局者は報告しています。また、当局は、彼が再入国を試みれば確実に逮捕されるだろうと付け加えています。ケイマン貸付銀行は、脱税のために資金を隠匿できる大金持ちたちの天国（安全な避難所）であると、長い間噂されていました。もともとケイマン・ホールディングスという名前で知られていましたが、アメリカ国税庁によるおとり捜査で不法な取引が明らかになった後、1987年に名称を変更していました。

🔊 ニュース・リスニング（3回目）

stage 04 ... 英文トランスクリプション

🎧 ニュース原稿を確認してみよう！ 穴埋め部分の正解をチェックして、英文を理解し直そう。そのあとで、もう一度ニュースを聴いてみよう。

The U.S. government charged a former Cayman ① Credit banker with tax evasion. This was the ② latest move ③ in a major crackdown by the Internal Revenue Service on white-collar crime. The federal government has increased its efforts to crack ④ down on foreign ⑤ tax evasion in ⑥ recent years by going after offshore banks that help ⑦ cheaters. Todd Newman, the former banker, ⑧ allegedly helped more than 100 clients. They were able to hide more than $215 million of offshore funds at various Cayman ⑨ Island banks. Mr. Newman has ⑩ reportedly ⑪ fled his home in Chicago, and has ⑫ probably fled the country, officials report. He will face ⑬ certain arrest if he attempts to reenter the ⑭ country, they added. Cayman Credit has long ⑮ had the reputation of being a safe haven for millionaires, and billionaires, to conceal funds in order to evade taxes. Originally known as Cayman Holdings, ⑯ it changed its name in 1987 after a sting operation conducted by the IRS revealed it to be engaged in illegal practices.

🔊 ニュース・リスニング（4回目）

Stage 05 … 音声変化をチェック

まとめとして、穴埋め部分の音声変化の特徴をスロースピードとナチュラルスピードで確認しよう。下記に示したカタカナ表記で音声変化を確認して、もう一度ニュースを聴き直してみよう。発音変化のルールは適宜復習しよう。

2種類の音声を収録

CD 1-51

① **Credit banker** クレディット・バンカー ▶ クレディッ_バンカー
☞ 破裂音 [t] の脱落

② **latest** レイティスト ▶ レイディ [リ] スト
☞ 破裂音 [t] 弾音化

③ **in a** イン・ア ▶ イナ
☞ in の [n] 音に a が連結

④ **down on** ダウン・アン ▶ ダウナン
☞ down の [n] 音に on が連結

⑤ **tax evasion** タックス・イヴェイジャン ▶ タックシヴェイジャン
☞ tax の [s] 音に evasion が連結

⑥ **recent years** リースント・イヤーズ ▶ リースンチャーズ
☞ [t] と [j] の音が同化

⑦ **cheaters** チーターズ ▶ チーダ [ラ] ーズ
☞ 破裂音 [t] の弾音化

⑧ **allegedly** アレッジドリー ▶ アレッジ_リー
☞ 破裂音 [d] の脱落または弱化

⑨ **Island banks** アイランド・バンクス ▶ アイラン_バンクス
☞ 破裂音 [d] の脱落

⑩ **reportedly** リポーティッドリー ▶ リポーディ [リ] ッ_リー
☞ 破裂音 [t] の弾音化。破裂音 [d] の脱落または弱化

⑪ **fled his** フレッド・ヒズ ▶ フレッディズ
☞ his は弱化して [ィズ] と発音。fled の [d] 音に his が連結

⑫ **probably** プラバブリー ▶ プラ_ブリー
☞ 破裂音 [b] が脱落。さらにもう1カ所脱落して、[プローリー] と発音される場合もある

⑬ **certain** スートゥン ▶ スーんン
☞ 破裂音 [t] が声門閉鎖音化

⑭ **country** カントリー ▶ カンチュリー
☞ [ntr] の音が [ntʃr] に変化

⑮ **had** ハッド ▶ ハッ_
☞ 末尾の破裂音 [d] の脱落

⑯ **it changed** イット・チェインジド ▶ イッ_チェインジド
☞ 破裂音 [t] の脱落

◀)) ニューズ・リスニング (5回目)

New "Dark" Planet Discovered

「"暗い" 新天体を発見」

Stage 01 … 穴埋めニュース・リスニング

音声変化に注意してCDでニュースを聴きながら、空欄部分を埋めてみよう。

ニュース音声収録

① _____ _____ direction of the constellation Vesuvius, 950 light years away, a very dark planet ② _____ _____ star similar to our sun. The researchers who ③ _____ _____ found the gas giant reflects less than 1 percent of the sunlight shining ④ _____ _____ . This behavior makes ⑤ _____ _____ than any heavenly body studied up to now. "It's ⑥ _____ how unusual ⑦ _____ _____ ⑧ _____ _____ anything we have ⑨ _____ _____ solar system," study ⑩ _____ Alexander Paley, an astronomer at the MIT-Smithsonian ⑪ _____ for Astrophysics, told this reporter for SPACE.com. "It's darker than the blackest piece of coal. It's mysterious how this huge planet is able to absorb almost all the light that ⑫ _____ _____ . What ⑬ _____ _____ to be so dark? We believe it's a substance we ⑭ _____ even ⑮ _____ _____ yet." He adds that research of the planet's darkness may tell us something about the earliest chemicals formed in the cosmos.

🔊 ニュース・リスニング（1回目）

Stage 02 … ニューズ・ボキャビル

🎧 ニューズのボキャブラリーを CD で確認しよう。そのあとでもう一度、ニューズのリスニングにチャレンジ。Stage 01 でできなかったところをもう一度聴き取って、穴埋めを完成させよう。

英日 音声収録

CD 2-02

① direction	方角
② constellation	星座
③ light year	光年
④ orbit	軌道を周回する
⑤ similar to ...	…に似た
⑥ researcher	研究者
⑦ discover	発見する
⑧ giant	巨人
⑨ reflect	反射する
⑩ less than ...	…より少ない
⑪ shine on ...	…を照らす
⑫ up to now	これまでに
⑬ extraordinary	尋常でない；並外れた；異常な
⑭ compared to ...	…に比して
⑮ solar system	太陽系
⑯ astronomer	天文学者
⑰ astrophysics	天体物理学
⑱ coal	石炭
⑲ huge	巨大な
⑳ absorb	吸収する
㉑ cosmos	宇宙

🔊 ニューズ・リスニング（2 回目）

Stage 03 … 日本語トランスレーション

🎧 ニュース原稿の日本語を確認してみよう！ その上で、ニュースを聴きながら、まだできていない部分の穴埋めに再チャレンジしよう。

ベスビアス座の方向、950光年の彼方に、非常に暗い惑星が、われわれの太陽に似た恒星の周りを回っています。この天体を発見した研究者は、その巨大なガスの塊が、降り注いでくる光の1％未満しか反射していないことを突き止めました。この現象によって、この惑星はこれまでに研究されたどの天体よりも暗くなっているのです。「われわれの太陽系に存在するものとの様相の違いは尋常ではありません」と、天体物理学を研究するMITスミソニアン・センターの天文学者であり、研究のリーダーであるアレクサンダー・パリーは、SPACE.COMのレポーターに語りました。「真っ黒な石炭の欠片よりも暗いのです。この巨大な天体が、自らに届く光のほとんどをどのように吸収しているのかは、謎に満ちています。なにが星をこれほど暗くしているのか？ それは、われわれが考えてみたこともない物質であると信じています」。この星の暗さを研究すれば、宇宙の創世記に作られた化学物質についてなんらかのことがわかるかもしれないと、彼はつけ加えました。

🔊 ニューズ・リスニング（3回目）

Stage 04 … 英文トランスクリプション

🎧 ニュース原稿を確認してみよう！ 穴埋め部分の正解をチェックして、英文を理解し直そう。そのあとで、もう一度ニュースを聴いてみよう。

① In the direction of the constellation Vesuvius, 950 light years away, a very dark planet ② orbits a star similar to our sun. The researchers who ③ discovered it found the gas giant reflects less than 1 percent of the sunlight shining ④ on it. This behavior makes ⑤ it darker than any heavenly body studied up to now. "It's ⑥ extraordinary how unusual ⑦ it is ⑧ compared to anything we have ⑨ in our solar system," study ⑩ leader Alexander Paley, an astronomer at the MIT-Smithsonian ⑪ Center for Astrophysics, told this reporter for SPACE.com. "It's darker than the blackest piece of coal. It's mysterious how this huge planet is able to absorb almost all the light that ⑫ hits it. What ⑬ causes it to be so dark? We believe it's a substance we ⑭ haven't even ⑮ thought of yet." He adds that research of the planet's darkness may tell us something about the earliest chemicals formed in the cosmos.

🔊 ニューズ・リスニング（4回目）

Stage 05 ··· 音声変化をチェック

まとめとして、穴埋め部分の音声変化の特徴をスロースピードとナチュラルスピードで確認しよう。下記に示したカタカナ表記で音声変化を確認して、もう一度ニュースを聴き直してみよう。発音変化のルールは適宜復習しよう。

2種類の音声を収録

CD 2-03

① **in the** イン・ザ ▶ イナ
☞ [n] + [ð] の音が同化

② **orbits a** オービッツ・ア ▶ オービッツァ
☞ orbits の [ts] に a が連結

③ **discovered it** ディスカヴァード・イット ▶ ディスカヴァーディッ_
☞ discovered の [d] 音に it が連結。連結部は弾音化することもある。末尾の破裂音 [t] も脱落する場合がある

④ **on it** アン・イット ▶ アニッ_
☞ on の [n] に it が連結。末尾の破裂音 [t] も脱落する場合がある

⑤ **it darker** イット・ダーカー ▶ イッ_ダーカー
☞ 破裂音 [t] の脱落

⑥ **extraordinary** イクストローダネリー ▶ イクスチュローダネリー
☞ [str] の音が [stʃr] に変化

⑦ **it is** イット・イズ ▶ イッディ [リ] ズ
☞ 2語が連結し、連結部の破裂音 [t] が弾音化

⑧ **compared to** カンペアード・トゥー ▶ カンペアー_トゥー
☞ 破裂音 [d] の脱落

⑨ **in our** イン・アウア ▶ イナウア
☞ in の [n] に our が連結

⑩ **leader** リーダー ▶ リーダ [ラ] ー
☞ 破裂音 [d] の弾音化

⑪ **Center** センター ▶ セナー
☞ 破裂音 [t] の脱落

⑫ **hits it** ヒッツ・イット ▶ ヒッツィッ_
☞ hits の [ts] に it が連結。末尾の破裂音 [t] が脱落

⑬ **causes it** コーズィズ・イット ▶ コーズィズィッ_
☞ causes の [z] に it が連結。末尾の破裂音 [t] が脱落

⑭ **haven't** ハヴント ▶ ハヴン_
☞ 末尾の破裂音 [t] の脱落

⑮ **thought of** ソート・アヴ ▶ ソード [ロ] ヴ
☞ thought と of が連結。連結部の破裂音 [t] が弾音化。末尾の [v] も脱落することがある

🔊 ニューズ・リスニング (5回目)

"暗い" 新天体を発見 ··· 81

News 19

Italian Firm Promises Cold Fusion
「イタリア企業、常温核融合へ」

Stage 01 ··· 穴埋めニュース・リスニング

音声変化に注意してCDでニュースを聴きながら、空欄部分を埋めてみよう。

ニュース音声収録

CD 2-04

For ① _____ _____ sixty years scientists ② _____ _____ ③ _____ _____ figure out ④ _____ _____ utilize cold fusion ⑤ _____ _____ power source. Many billions of dollars ⑥ _____ _____ spent on the quest for almost "free" energy without success. However, there are signs that soon some scientists working ⑦ _____ ⑧ _____ will ⑨ _____ _____ free the genie from the ⑩ _____ , and ⑪ _____ _____ available for worldwide use. In October, Rossitelli, a small Italian firm, has ⑫ _____ _____ open the world's first commercial megawatt cold fusion plant. Daily updates on the Rossitelli FaceBook page claim that everything is on schedule. Meanwhile, a world with exponential energy needs waits with ⑬ _____ breath to ⑭ _____ _____ if this small company, ⑮ _____ _____ with any university, has ⑯ _____ pulled it off!

🔊 ニュース・リスニング（1回目）

Stage 02 … ニュース・ボキャビル

ニュースのボキャブラリーを CD で確認しよう。そのあとでもう一度、ニュースのリスニングにチャレンジ。Stage 01 でできなかったところをもう一度聴き取って、穴埋めを完成させよう。

英日 音声収録

CD 2-05

①	figure out	考え出す；考察する
②	utilize	利用する
③	cold fusion	常温核融合
④	power source	動力源
⑤	quest	探求
⑥	sign	兆し
⑦	independently	独立して
⑧	free	解放する
⑨	genie	ジニー（魔法のランプの魔神の名前）
⑩	available	利用可能な
⑪	worldwide use	世界中での利用
⑫	commercial	商用の
⑬	megawatt	メガワット級の
⑭	plant	プラント；発電所
⑮	daily update	日々のアップデート；更新
⑯	claim	主張する
⑰	on schedule	スケジュールどおりの
⑱	meanwhile	一方で
⑲	exponential	幾何級数的に増加する
⑳	with bated breath	息を殺して

◀)) ニュース・リスニング（2 回目）

イタリア企業、常温核融合へ … 83

Stage 03 … 日本語トランスレーション

🎧 ニュース原稿の日本語を確認してみよう！ その上で、ニュースを聴きながら、まだできていない部分の穴埋めに再チャレンジしよう。

60年以上もの間、科学者たちはどうすれば常温核融合をエネルギー源として利用できるかを考えてきました。大量の資金が、ほぼタダで手に入るエネルギーの探求に使われてきましたが、失敗に終わっています。しかしながら、兆しは見え始めています。まもなく、ほぼ独立して研究を続けている数人の科学者たちが、遂にランプからその魔神を解き放ち、世界中で利用できるようにすると言います。10月、イタリアの小企業であるロジッテリが世界初のメガワット級の商用常温核融合炉の運転を開始すると約束しました。ロジッテリのフェイスブックページの毎日の更新では、すべて予定どおりに進んでいると主張しています。その一方で、幾何級数的に増えるエネルギーのニーズを抱える世界は、大学と結びついていないこの小さな企業が、ほんとうに開発に成功したのかどうか、固唾を呑んで見守っています。

🔊 ニュース・リスニング（3回目）

Stage 04 … 英文トランスクリプション

🎧 ニュース原稿を確認してみよう！ 穴埋め部分の正解をチェックして、英文を理解し直そう。そのあとで、もう一度ニュースを聴いてみよう。

For ① more than sixty years scientists ② have been ③ trying to figure out ④ how to utilize cold fusion ⑤ as a power source. Many billions of dollars ⑥ have been spent on the quest for almost "free" energy without success. However, there are signs that soon some scientists working ⑦ mostly ⑧ independently will ⑨ at last free the genie from the ⑩ bottle, and ⑪ make it available for worldwide use. In October, Rossitelli, a small Italian firm, has ⑫ promised to open the world's first commercial megawatt cold fusion plant. Daily updates on the Rossitelli FaceBook page claim that everything is on schedule. Meanwhile, a world with exponential energy needs waits with ⑬ bated breath to ⑭ find out if this small company, ⑮ not associated with any university, has ⑯ truly pulled it off!

🔊 ニュース・リスニング（4回目）

Stage 05 … 音声変化をチェック

まとめとして、穴埋め部分の音声変化の特徴をスロースピードとナチュラルスピードで確認しよう。下記に示したカタカナ表記で音声変化を確認して、もう一度ニュースを聴き直してみよう。発音変化のルールは適宜復習しよう。

2種類の音声を収録

CD 2-06

① **more than**　　　　　　　　モー・ザン　　　　　　　▶ モー＿アン
　☞ than の [ð] 音の脱落

② **have been**　　　　　　　　ハヴ・ビン　　　　　　　▶ アヴビン
　☞ have が弱化して [ァヴ] と発音される

③ **trying to**　　　　　　　　トゥライイング・トゥー　　▶ トゥライイン＿トゥー
　☞ 破裂音 [g] 音の脱落。さらに to の [t] 音も脱落する場合がある

④ **how to**　　　　　　　　　ハウ・トゥー　　　　　　▶ ハウドゥ [ル] ー
　☞ 破裂音 [t] の弾音化

⑤ **as a**　　　　　　　　　　アズ・ア　　　　　　　　▶ アザ
　☞ as の [z] に a が連結

⑥ **have been**　　　　　　　　ハヴ・ビン　　　　　　　▶ アヴビン
　☞ have が弱化して [ァヴ] と発音される

⑦ **mostly**　　　　　　　　　モウストゥリー　　　　　　▶ モウス＿リー
　☞ 破裂音 [t] の脱落

⑧ **independently**　　　　　インディペンデントゥリー　　▶ インディペンデン＿リー
　☞ 破裂音 [t] の脱落

⑨ **at last**　　　　　　　　アット・ラスト　　　　　　▶ アッ＿ラスト
　☞ 破裂音 [t] の脱落

⑩ **bottle**　　　　　　　　　バトル　　　　　　　　　▶ バドゥ [ル] ル
　☞ 破裂音 [t] の弾音化

⑪ **make it**　　　　　　　　メイク・イット　　　　　　▶ メイキッ＿
　☞ make の [k] 音に it が連結。末尾の [t] も脱落あるいは弾音化する場合がある

⑫ **promised to**　　　　　　プラミスト・トゥー　　　　▶ プラミス＿トゥー
　☞ 破裂音 [t] の脱落

⑬ **bated**　　　　　　　　　ベイティッド　　　　　　　▶ ベイディ [リ] ッド
　☞ 破裂音 [t] の弾音化

⑭ **find out**　　　　　　　　ファインド・アウト　　　　▶ ファインダウ＿
　☞ find の [d] 音に out が連結。連結部は弾音化あるいは脱落する場合がある。out の [t] も脱落

⑮ **not associated**　　　　　ナット・アソウシェイティッド　▶ ナッダ [ラ] ソウシェイディ [リ] ッ＿
　☞ not の [t] に associated が連結。連結部は弾音化。associated の [t] も弾音化。また末尾の [d] も脱落することがある

⑯ **truly**　　　　　　　　　トゥルーリー　　　　　　　▶ チュルーリー
　☞ [tr] の音が [tʃr] に変化

🔊 ニューズ・リスニング（5 回目）

Alternative Energy Industry Performing Well

「好調続く代替エネルギー産業」

stage 01 … 穴埋めニュース・リスニング

音声変化に注意してCDでニュースを聴きながら、空欄部分を埋めてみよう。

ニュース音声収録

A new ① _____ _____ as part of an ② _____ symposium on energy ③ _____ tells that the renewable energy industry continues to perform well. This trend is apparent in ④ _____ _____ the continuing economic recession in addition to low natural gas prices. The report maintains that renewable energy accounted for around 16 percent of worldwide energy use and ⑤ _____ for nearly ⑥ _____ percent of global ⑦ _____ production. The report was submitted by Lawrence Dieker, PhD, a senior fellow with the Worldwatch Institute ⑧ _____ _____ global network of researchers. Water power, solar power and ⑨ _____ _____ all show ⑩ _____ _____ continued expansion. However, efforts to increase geothermal energy production continues to lag behind ⑪ _____ _____ the high expense and technological ⑫ _____ . "Geothermal is ⑬ _____ _____ our future," Dieker says. " ⑭ _____ _____ may not see ⑮ _____ _____ economically feasible until most of the world's oil has been ⑯ _____ _____ ."

◀)) ニュース・リスニング（1回目）

Stage 02 … ニューズ・ボキャビル

🎧 ニューズのボキャブラリーを CD で確認しよう。そのあとでもう一度、ニューズのリスニングにチャレンジ。Stage 01 でできなかったところをもう一度聴き取って、穴埋めを完成させよう。

英日 音声収録

CD 2-08

①	conduct	行う；成す；遂行する
②	symposium	シンポジウム；討論会
③	sustainability	持続可能性
④	renewable energy	再生可能エネルギー
⑤	industry	産業
⑥	perform	果たす；成し遂げる
⑦	economic recession	不景気
⑧	maintain	主張する
⑨	account for ...	…を占める
⑩	worldwide	世界中の
⑪	use	消費
⑫	global	世界の；地球の
⑬	production	生産
⑭	submit	提出する
⑮	senior fellow	主席研究員
⑯	water power	水力
⑰	effort	努力
⑱	geothermal	地熱（の）
⑲	lag behind	立ち遅れる
⑳	shortcoming	欠点
㉑	feasible	実現可能な

🔊 ニューズ・リスニング（2 回目）

好調続く代替エネルギー産業

Stage 03 … 日本語トランスレーション

🎧 ニュース原稿の日本語を確認してみよう！ その上で、ニュースを聴きながら、まだできていない部分の穴埋めに再チャレンジしよう。

> エネルギーの持続性に関する国際シンポジウムの一部として行われた新しい報告で、再生可能エネルギー産業が好調を続けていることが示されました。天然ガスの低価格や継続する不景気にかかわらず、この傾向ははっきりしています。再生可能エネルギーは世界のエネルギー消費の約 16%に達し、これは地球の電力生産の 20% に当たる量になると、報告書は述べています。この報告書は、地球規模の研究者たちのネットワークとともに、ワールドウォッチの主席研究員であるロレンス・ディーカー博士によって提出されたものです。水力発電、太陽光発電、そして風力発電は、すべて引き続き拡大の指標を示しています。しかしながら、地熱発電でのエネルギー生産増強への努力は、コスト高や技術的な問題によって引き続き立ち遅れています。「地熱発電はわれわれの未来の一部です。しかし、全世界の石油のほとんどが枯渇しない限りは、経済的に実現可能なものにならないかもしれません」とディーカー氏は言います。

🔊 ニュース・リスニング（3 回目）

Stage 04 … 英文トランスクリプション

🎧 ニュース原稿を確認してみよう！ 穴埋め部分の正解をチェックして、英文を理解し直そう。そのあとで、もう一度ニュースを聴いてみよう。

> A new ① report conducted as part of an ② international symposium on energy ③ sustainability tells that the renewable energy industry continues to perform well. This trend is apparent in ④ spite of the continuing economic recession in addition to low natural gas prices. The report maintains that renewable energy accounted for around 16 percent of worldwide energy use and ⑤ accounted for nearly ⑥ 20 percent of global ⑦ electricity production. The report was submitted by Lawrence Dieker, PhD, a senior fellow with the Worldwatch Institute ⑧ with a global network of researchers. Water power, solar power and ⑨ wind power all show ⑩ signs of continued expansion. However, efforts to increase geothermal energy production continues to lag behind ⑪ due to the high expense and technological ⑫ shortcomings. "Geothermal is ⑬ part of our future," Dieker says. " ⑭ But we may not see ⑮ it becoming economically feasible until most of the world's oil has been ⑯ used up."

🔊 ニュース・リスニング（4 回目）

Stage 05 ・・・ 音声変化をチェック

まとめとして、穴埋め部分の音声変化の特徴をスロースピードとナチュラルスピードで確認しよう。下記に示したカタカナ表記で音声変化を確認して、もう一度ニュースを聴き直してみよう。発音変化のルールは適宜復習しよう。

2種類の音声を収録

CD 2-09

① **report conducted** リポート・カンダクティッド ▶ リポー＿カンダクティッド
☞ 破裂音 [t] の脱落

② **international** インターナショヌル ▶ イナーナショヌル
☞ 破裂音 [t] の脱落

③ **sustainability** サステイナビリティー ▶ サステイナビリディ [リ] ー
☞ 破裂音 [t] の弾音化

④ **spite of** スパイト・アヴ ▶ スパイダ [ラ] ヴ
☞ spite の [t] に of が連結。連結部の [t] 音の弾音化

⑤ **accounted** アカウンティッド ▶ アカウニッド
☞ 破裂音 [t] の脱落

⑥ **20** トゥエンティー ▶ トゥエニー
☞ 破裂音 [t] の脱落

⑦ **electricity** イレクトリサティー ▶ イレクトリサディ [リ] ー
☞ 破裂音 [t] の弾音化

⑧ **with a** ウィズ・ア ▶ ウィザ
☞ with の [ð] に a が連結

⑨ **wind power** ウィンド・パウアー ▶ ウィン＿パウアー
☞ 破裂音 [d] の脱落

⑩ **signs of** サインズ・アヴ ▶ サインザヴ
☞ signs の [z] に of が連結

⑪ **due to** デュー・トゥー ▶ デュードゥ [ル] ー
☞ 破裂音 [t] の弾音化

⑫ **shortcomings** ショートカミングズ ▶ ショー＿カミングズ
☞ 破裂音 [t] の脱落

⑬ **part of** パート・アヴ ▶ パーダ [ラ] ヴ
☞ part の [t] 音に of が連結。連結部の [t] 音が弾音化

⑭ **But we** バット・ウィ ▶ バッ＿ウィ
☞ 破裂音 [t] の脱落

⑮ **it becoming** イット・ビカミング ▶ イッ＿ビカミン＿
☞ 破裂音の [t] が脱落。末尾の [g] も脱落

⑯ **used up** ユーズド・アップ ▶ ユーズダップ
☞ used の [d] に up が連結

◀)) ニューズ・リスニング（5回目）

Rebels Take Sandarian Capital

「反乱軍、サンダリアンの首都を占拠」

Stage 01 … 穴埋めニュース・リスニング

音声変化に注意して CD でニュースを聴きながら、空欄部分を埋めてみよう。

ニュース音声収録

Residents of the Sandarian capital, Tripolay, ① _____ early Wednesday despite ② _____ no ③ _____ _____ ④ _____ _____ Malcolm Tavales or his family after rebels ⑤ _____ _____ fortress, taking weapons, widescreen TVs and souvenirs from the presidential palace. The raid ⑥ _____ _____ compound came after three days of fighting in Tripolay. By some estimates, the violence has left ⑦ _____ _____ 400 killed ⑧ _____ 2,000 wounded. ⑨ _____ _____ hastily called press conference, rebel leaders announced that more than 500 pro-Tavales soldiers had been captured ⑩ _____ _____ the battle ⑪ _____ _____ finished until Tavales himself was ⑫ _____ _____ and " ⑬ _____ _____ ." Gun battles still continued across the capital Tuesday, while Tavales loyalists trapped foreigners in a restaurant in the northern ⑭ _____ _____ the city's commercial district.

ニュース・リスニング（1 回目）

Stage 02 ··· ニュース・ボキャビル

🎧 ニュースのボキャブラリーを CD で確認しよう。そのあとでもう一度、ニュースのリスニングにチャレンジ。Stage 01 でできなかったところをもう一度聴き取って、穴埋めを完成させよう。

英日 音声収録

CD 2-11

①	residents	住民；市民
②	capital	首都
③	celebrate	祝う
④	sign	兆し；印；現れ
⑤	flee	逃げる
⑥	dictator	独裁者
⑦	rebels	反乱軍
⑧	overrun	占拠する；はびこる
⑨	fortress	城塞
⑩	weapon	武器
⑪	souvenir	記念品
⑫	presidential palace	大統領の宮殿
⑬	raid	急襲；襲撃
⑭	fighting	戦闘
⑮	estimate	見積；推定
⑯	hastily	急ぎで；緊急に
⑰	press conference	記者会見
⑱	pro-	…に賛成する；…側の
⑲	capture	捕獲する
⑳	behind bars	投獄されて
㉑	await	待つ

🔊 ニュース・リスニング（2回目）

反乱軍、サンダリアンの首都を占拠 ··· 91

stage 03 … 日本語トランスレーション

🎧 ニュース原稿の日本語を確認してみよう！　その上で、ニュースを聴きながら、まだできていない部分の穴埋めに再チャレンジしよう。

逃亡中の独裁者マルコム・タバルスや彼の家族の消息がつかめないにもかかわらず、サンダリアンの首都トリポレーの市民は、水曜日の未明に祝杯を挙げました。それ以前に、反乱軍はすでに、タバルスの城塞を占拠し、武器や大画面テレビ、記念の品を大統領宮殿から持ち出していました。屋敷の急襲はトリポレーでの3日間にわたる戦闘のあとに行われました。ある推定では、この戦闘での死者は400人、負傷者は2千人に上ったとされています。緊急に開かれた記者会見で反乱軍のリーダーたちは、500名のタバルス派の兵士が捕獲されたが、タバルス自身が投獄され裁判の準備が始まるまで、戦闘は継続するだろうと述べました。火曜日には、首都全体で銃による戦闘がまだ続いており、首都北部の商業区域では、タバルス体制派が外国人をレストランに監禁していました。

🔊 ニューズ・リスニング（3回目）

stage 04 … 英文トランスクリプション

🎧 ニュース原稿を確認してみよう！　穴埋め部分の正解をチェックして、英文を理解し直そう。そのあとで、もう一度ニュースを聴いてみよう。

Residents of the Sandarian capital, Tripolay, ① celebrated early Wednesday despite ② finding no ③ sign of ④ fleeing dictator Malcolm Tavales or his family after rebels ⑤ overran his fortress, taking weapons, widescreen TVs and souvenirs from the presidential palace. The raid ⑥ of the compound came after three days of fighting in Tripolay. By some estimates, the violence has left ⑦ more than 400 killed ⑧ and 2,000 wounded. ⑨ In a hastily called press conference, rebel leaders announced that more than 500 pro-Tavales soldiers had been captured ⑩ but that the battle ⑪ wouldn't be finished until Tavales himself was ⑫ behind bars and " ⑬ awaiting trial." Gun battles still continued across the capital Tuesday, while Tavales loyalists trapped foreigners in a restaurant in the northern ⑭ part of the city's commercial district.

🔊 ニューズ・リスニング（4回目）

stage 05 … 音声変化をチェック

まとめとして、穴埋め部分の音声変化の特徴をスロースピードとナチュラルスピードで確認しよう。下記に示したカタカナ表記で音声変化を確認して、もう一度ニュースを聴き直してみよう。発音変化のルールは適宜復習しよう。

2種類の音声を収録

CD 2-12

① **celebrated** セラブレイティッド ▶ セラブレイディ [リ] ッド
☞ 破裂音 [t] の弾音化

② **finding** ファインディング ▶ ファインディン＿
☞ 破裂音 [g] 音の脱落。破裂音 [d] が弾音化する場合もある

③ **sign of** サイン・アヴ ▶ サイナヴ
☞ sign の [n] 音に of が連結

④ **fleeing dictator** フリーイング・ディクテイター ▶ フリーイン＿ディクテイダ [ラ] ー
☞ 破裂音 [g] 音の脱落。-tor の [t] 音の弾音化

⑤ **overran his** オウヴァーラン・ヒズ ▶ オウヴァーラニズ
☞ overran に弱化した his [ɪz] が連結

⑥ **of the** アヴ・ザ ▶ ア＿ザ
☞ of の [v] 音の脱落

⑦ **more than** モー・ザン ▶ モー＿アン
☞ than の [ð] 音の脱落

⑧ **and** アンド ▶ アン＿
☞ 末尾の破裂音 [d] の脱落

⑨ **In a** イン・ア ▶ イナ
☞ in の [n] 音に a が連結

⑩ **but that** バット・ザット ▶ バッ＿ザッ＿
☞ 2カ所で破裂音 [t] が脱落

⑪ **wouldn't be** ウドゥント・ビ ▶ ウんン＿ビ
☞ wouldn't の [d] 音の声門閉鎖音化。破裂音 [t] の脱落

⑫ **behind bars** ビハインド・バーズ ▶ ビハイン＿バーズ
☞ 破裂音 [d] の脱落

⑬ **awaiting trial** アウェイティング・トゥライアル ▶ アウェイディン＿トゥライアル
☞ awaiting の [t] 音の弾音化。破裂音 [g] の脱落。trial の [tr] 音が [tʃr] に変化することもある

⑭ **part of** パート・アヴ ▶ パーダ [ラ] ヴ
☞ part の [t] 音に of が連結。連結部の [t] 音が弾音化

◀)) ニューズ・リスニング（5回目）

Walkathon to Benefit Dog Shelters
「ドッグ・シェルターのためのチャリティー・ウォーク」

stage 01 … 穴埋めニュース・リスニング

音声変化に注意して CD でニュースを聴きながら、空欄部分を埋めてみよう。

ニュース音声収録

CD 2-13

The Canine Crusade Walkathon ① _____ _____ held ② _____ _____ benefit for the Franklin County Animal Rescue Shelter. The countywide walk-a-thon will ③ _____ _____ at locations in Byesville, Cambridge and Bradley Village, ④ _____ will benefit the Franklin County Humane Society's animal shelter. "My hope is to see it expand across the state ⑤ _____ _____ Canine Crusade Memorial Walkathon held annually in August to benefit local shelters across the region," spokesperson Janet Wembley said. This year's event marks a year since Ms Wembley's own dog, Gilda, went missing, the tragedy that ⑥ _____ _____ to organize the walkathon. It also coincides with the ⑦ _____ ⑧ _____ for Animal Right's "International Homeless Animals' Day." Although the walkathon is for the ⑨ _____ _____ animals, Wembley stressed that ⑩ _____ _____ _____ dog walk, and walkers are ⑪ _____ to ⑫ _____ _____ pets, as the asphalt on which they'll be walking ⑬ _____ _____ hot.

🔊 ニュース・リスニング（1回目）

Stage 02 … ニュース・ボキャビル

🎧 ニュースのボキャブラリーを CD で確認しよう。そのあとでもう一度、ニュースのリスニングにチャレンジ。Stage 01 でできなかったところをもう一度聴き取って、穴埋めを完成させよう。

英日 音声収録

CD 2-14

① canine	犬；犬科の動物
② crusade	十字軍；改革運動
③ walkathon	寄付を集めるための長距離歩行イベント
④ as a benefit for ...	…の利益として
⑤ rescue	救助
⑥ shelter	避難所
⑦ countywide	郡全域の
⑧ take place	催される；起こる
⑨ humane society	愛護団体；慈善団体
⑩ expand	拡大する；拡がる
⑪ mark	記念する；祝う
⑫ go missing	行方不明になる
⑬ tragedy	悲劇
⑭ inspire	鼓舞する；奮起させる
⑮ organize	組織する
⑯ coincide with ...	…と同時に起こる；軌を一にする
⑰ animal right(s)	動物の権利
⑱ homeless	家のない；野良の
⑲ stress	強調する
⑳ forbid	禁ずる

🔊 ニュース・リスニング（2回目）

ドッグ・シェルターのためのチャリティー・ウォーク

stage 03・・・日本語トランスレーション

🎧 ニュース原稿の日本語を確認してみよう！ その上で、ニュースを聴きながら、まだできていない部分の穴埋めに再チャレンジしよう。

ワンちゃん十字軍のチャリティー・ウォーク・マラソンが、フランクリン郡動物救済避難所への援助のために行われます。郡全域でのウォーク・マラソンは、バイズビル、ケンブリッジ、ブラッドレー村で行われ、フランクリン郡の慈善団体の動物シェルターを援助します。「私の望みは、毎年8月に行われるワンちゃん十字軍記念チャリティー・ウォークといっしょに、活動が州全体に広がり、州全体の地元避難所のために貢献するのを目にすることです」とスポークスマンのジャネット・ウェンブリーは語りました。今年のイベントは、ウェンブリーさん自身の飼い犬のギルダが行方不明になってから、ちょうど1年目となります。この悲劇が彼女にウォーク・マラソンを組織させるきっかけとなったのです。この日は、動物の権利のための国際組織が行う「国際ホームレス動物の日」とも重なります。ウォーク・マラソンは動物のためのものですが、犬の散歩ではありません、とウェンブリーさんは強調します。参加者はペットを連れてくることは禁止されています。犬が歩くことになるアスファルトは熱くなっているからです。

🔊 ニューズ・リスニング（3回目）

stage 04・・・英文トランスクリプション

🎧 ニュース原稿を確認してみよう！ 穴埋め部分の正解をチェックして、英文を理解し直そう。そのあとで、もう一度ニュースを聴いてみよう。

The Canine Crusade Walkathon ① will be held ② as a benefit for the Franklin County Animal Rescue Shelter. The countywide walk-a-thon will ③ take place at locations in Byesville, Cambridge and Bradley Village, ④ and will benefit the Franklin County Humane Society's animal shelter. "My hope is to see it expand across the state ⑤ with a Canine Crusade Memorial Walkathon held annually in August to benefit local shelters across the region," spokesperson Janet Wembley said. This year's event marks a year since Ms Wembley's own dog, Gilda, went missing, the tragedy that ⑥ inspired her to organize the walkathon. It also coincides with the ⑦ International ⑧ Society for Animal Right's "International Homeless Animals' Day." Although the walkathon is for the ⑨ benefit of animals, Wembley stressed that ⑩ it's not a dog walk, and walkers are ⑪ forbidden to ⑫ bring their pets, as the asphalt on which they'll be walking ⑬ will be hot.

🔊 ニューズ・リスニング（4回目）

Stage 05 … 音声変化をチェック

まとめとして、穴埋め部分の音声変化の特徴をスロースピードとナチュラルスピードで確認しよう。下記に示したカタカナ表記で音声変化を確認して、もう一度ニュースを聴き直してみよう。発音変化のルールは適宜復習しよう。

2種類の音声を収録

CD 2-15

① **will be** ウィル・ビー ▶ ウィ_ビ
☞ [l] 音の脱落。be は「ビ」

② **as a** アズ・ア ▶ アザ
☞ as の [z] に a が連結

③ **take place** テイク・プレイス ▶ テイ_プレイス
☞ 破裂音 [k] の脱落

④ **and** アンド ▶ アン_
☞ 末尾の破裂音 [d] の脱落

⑤ **with a** ウィズ・ア ▶ ウィザ
☞ with の [ð] に a が連結

⑥ **inspired her** インスパイアード・ハー ▶ インスパイアーダー
☞ inspired に弱化した her [ər] が連結

⑦ **International** インターナショヌル ▶ イナーナショヌル
☞ 破裂音 [t] の脱落

⑧ **Society** ササイアティー ▶ ササイアディ [リ] ー
☞ 破裂音 [t] の弾音化

⑨ **benefit of** ベナフィット・アヴ ▶ ベナフィッダ [ラ] ヴ
☞ benefit の [t] に of が連結。連結部は弾音化

⑩ **it's not a** イッツ・ナット・ア ▶ ツナッダ [ラ]
☞ 3 語が連結。it's の [ɪ] の音が脱落。not と a の連結部では、破裂音 [t] が弾音化

⑪ **forbidden** ファービドゥン ▶ ファービんン
☞ 破裂音 [d] が声門閉鎖音化

⑫ **bring their** ブリング・ゼア ▶ ブリネア
☞ bring の破裂音 [g] が脱落。さらに 2 語の連結部で [n] + [ð] の音の同化が生じる

⑬ **will be** ウィル・ビー ▶ ウィ_ビ
☞ [l] 音の脱落。be は「ビ」

◀)) ニュース・リスニング（5回目）

ドッグ・シェルターのためのチャリティー・ウォーク

23

Esqualez Tests Positive for Steroids
「エスクェイレス、ステロイドで陽性反応」

stage 01 … 穴埋めニュース・リスニング

音声変化に注意してCDでニュースを聴きながら、空欄部分を埋めてみよう。

ニュース音声収録

Baltimore Bluejays star slugger Manny Esqualez ① _____ _____ for an illegal ② _____ _____ performance enhancing drug, ③ _____ _____ suspended from playing while an investigation is conducted. ④ _____ _____ home run leader who is batting .315 this year, has been suspected to use steroids to increase strength for many years. He was previously suspended for ⑤ _____ games earlier ⑥ _____ _____ career. The suspension comes ⑦ _____ _____ terrible time for the Bluejays, who rely on Esqualez for ⑧ _____ _____ their batting power. They are ⑨ _____ only one game ⑩ _____ _____ ⑪ _____ _____ in the Mideast Conference, and ⑫ _____ _____ six game winning streak going thanks to Esqualez' 17 RBIs during the ⑬ _____ . Esqualez' agent, Ken Turner, ⑭ _____ _____ _____ suspected of helping Esqualez procure steroids from Thailand, China and Nepal. Both Esqualez and Turner have issued no statements since the incident occurred.

◀)) ニュース・リスニング（1回目）

Stage 02 … ニュース・ボキャビル

🎧 ニュースのボキャブラリーを CD で確認しよう。そのあとでもう一度、ニュースのリスニングにチャレンジ。Stage 01 でできなかったところをもう一度聴き取って、穴埋めを完成させよう。

英日 音声収録

CD 2-17

①	slugger	強打者
②	test positive	検査で陽性反応が出る
③	illegal	不法な
④	performance	能力
⑤	enhance	拡張する
⑥	be suspended	停止される；保留される
⑦	investigation	捜査
⑧	conduct	遂行する
⑨	suspect	疑う；容疑をかける
⑩	steroids	ステロイド剤
⑪	strength	力；パワー
⑫	previously	以前
⑬	terrible	ひどい
⑭	rely on ...	…に頼る
⑮	first place	首位
⑯	streak	ひと続き；ひと繋がり
⑰	RBI	打点 = run(s) batted in
⑱	procure	調達する；入手する
⑲	issue no statements	声明を出していない

🔊 ニューズ・リスニング（2 回目）

Stage 03・・・日本語トランスレーション

🎧 **ニュース原稿の日本語を確認してみよう！ その上で、ニュースを聴きながら、まだできていない部分の穴埋めに再チャレンジしよう。**

ボルチモア・ブルージェイズのスター強打者であるマニー・エスケイレスに、不法とされている種類の能力増強剤テストで陽性反応が出ました。捜査中、彼のプレーは保留されています。昨年のホームラン・リーダーで、今年は3割1分5厘の打率のエスケイレスに、筋力を増強するステロイドの長年の使用の容疑がかかっているのです。以前にも彼はキャリアの中で、20試合の出場停止を受けたことがあります。打撃力のほとんどをエスケイレスに頼っている現状のブルージェイズにはこの出場停止は痛手となります。ブルージェイズは現在、中東部地区の首位に1ゲーム差と迫っています。また、エスケイレスの17打点のおかげで、6ゲームの連続勝利を上げています。エスケイレスのエージェントであるケン・ターナーは、長年エスケイレスのためにタイや中国、ネパールからステロイドを調達する手引きをしていたのではないかと疑われています。事件発生のあと、エスケイレスとターナーはともに沈黙を守っています。

🔊 ニュース・リスニング（3回目）

Stage 04・・・英文トランスクリプション

🎧 **ニュース原稿を確認してみよう！ 穴埋め部分の正解をチェックして、英文を理解し直そう。そのあとで、もう一度ニュースを聴いてみよう。**

Baltimore Bluejays star slugger Manny Esqualez ① tested positive for an illegal ② type of performance enhancing drug, ③ and is suspended from playing while an investigation is conducted. ④ Last year's home run leader who is batting .315 this year, has been suspected to use steroids to increase strength for many years. He was previously suspended for ⑤ twenty games earlier ⑥ in his career. The suspension comes ⑦ at a terrible time for the Bluejays, who rely on Esqualez for ⑧ much of their batting power. They are ⑨ currently only one game ⑩ out of ⑪ first place in the Mideast Conference, and ⑫ have a six game winning streak going thanks to Esqualez' 17 RBIs during the ⑬ streak. Esqualez' agent, Ken Turner, ⑭ has long been suspected of helping Esqualez procure steroids from Thailand, China and Nepal. Both Esqualez and Turner have issued no statements since the incident occurred.

🔊 ニュース・リスニング（4回目）

Stage 05 ··· 音声変化をチェック

まとめとして、穴埋め部分の音声変化の特徴をスロースピードとナチュラルスピードで確認しよう。下記に示したカタカナ表記で音声変化を確認して、もう一度ニュースを聴き直してみよう。発音変化のルールは適宜復習しよう。

2種類の音声を収録

CD 2-18

① **tested positive** 　　　　テスティッド・パザティヴ　▶　テスティッ＿パザティヴ
　☞ 破裂音 [d] の脱落

② **type of** 　　　　　　　　タイプ・アヴ　　　　　　　▶　タイパヴ
　☞ type の [p] に of が連結

③ **and is** 　　　　　　　　アンド・イズ　　　　　　　▶　アニズ
　☞ and の破裂音 [d] の脱落し、2 語が連結

④ **Last year's** 　　　　　　ラスト・イヤーズ　　　　　▶　ラスチャーズ
　☞ [t] と [j] の音が同化

⑤ **twenty** 　　　　　　　　トゥエンティー　　　　　　▶　トゥエニー
　☞ 破裂音 [t] の脱落

⑥ **in his** 　　　　　　　　イン・ヒズ　　　　　　　　▶　イニズ
　☞ in に弱化した his [ɪz] が連結

⑦ **at a** 　　　　　　　　　アット・ア　　　　　　　　▶　アッダ [ラ]
　☞ 2 語の連結部の [t] の弾音化

⑧ **much of** 　　　　　　　マッチ・アヴ　　　　　　　▶　マッチャヴ
　☞ much の [tʃ] 音に of が連結

⑨ **currently** 　　　　　　　カレントゥリー　　　　　　▶　カレン＿リー
　☞ 破裂音 [t] の脱落

⑩ **out of** 　　　　　　　　アウト・アヴ　　　　　　　▶　アウダ [ラ] ヴ
　☞ 連結部の [t] 音の弾音化。末尾の [v] は脱落する場合もある

⑪ **first place** 　　　　　　ファースト・プレイス　　　▶　ファース＿プレイス
　☞ 破裂音 [t] の脱落

⑫ **have a** 　　　　　　　　ハヴ・ア　　　　　　　　　▶　ハヴァ
　☞ have の [v] 音に a が連結

⑬ **streak** 　　　　　　　　ストゥリーク　　　　　　　▶　スチュリーク
　☞ [str] の音が [stʃr] に変化

⑭ **has long been** 　　　　ハズ・ロング・ビン　　　　▶　アズロン＿ビン
　☞ has は弱化して [əz] と発音。long の破裂音 [g] 音の脱落

◀)) ニューズ・リスニング（5 回目）

"King's Announcement" Big Winner

「『王の宣言』が大賞を受賞」

Stage 01 … 穴埋めニュース・リスニング

音声変化に注意してCDでニュースを聴きながら、空欄部分を埋めてみよう。

ニュース音声収録

CD 2-19

"The King's Announcement" continued its winning ways at the ① _____ Annual Academy Awards, ② _____ _____ the ③ _____ _____ of ④ _____ _____ , while its star Colin Brisbane received the Oscar for best actor; "Bird Lady" star Natalie Beechley snagged the award for best ⑤ _____ . Sandy Hooper, the director of "The King's Announcement" was a surprise choice over "The Weather Changer" director David Ridley. "Announcement," which led the number of nominations with 12, received a ⑥ _____ of five Oscars, ⑦ _____ _____ original screenplay. ⑧ _____ _____ humorous and emotional speech, Brisbane joked, "Unlike the King, I'm speechless!" He thanked his wife, Heidi, for the award and " ⑨ _____ _____ good ⑩ _____ _____ in my life now." "The Weather Changer" came up the biggest loser, failing to grab any awards although ⑪ _____ for seven. Ridley showed obvious and increasing exasperation as each award ⑫ _____ _____ rival films.

🔊 ニュース・リスニング（1回目）

Stage 02 … ニューズ・ボキャビル

ニュースのボキャブラリーを CD で確認しよう。そのあとでもう一度、ニュースのリスニングにチャレンジ。Stage 01 でできなかったところをもう一度聴き取って、穴埋めを完成させよう。

英日 音声収録

CD 2-20

①	announcement	公告；発表
②	winning ways	勝利の道
③	annual	例年の；毎年恒例の
④	Academy Awards	アカデミー賞
⑤	best picture	最優秀映画
⑥	star	主役；主演；スター
⑦	actor	男優；俳優
⑧	snag	かっさらう；素早く得る
⑨	actress	女優
⑩	director	監督
⑪	lead	（先頭に立って）導く
⑫	nomination	ノミネート；推薦；指名
⑬	Oscar	オスカー（のトロフィー）
⑭	original	原作の
⑮	screenplay	脚本
⑯	emotional	感動的な
⑰	speechless	（感動などで）言葉の出ない
⑱	come up …	結果的に…になる
⑲	grab	つかみ取る
⑳	obvious	明白な；あからさまな
㉑	exasperation	憤怒；激怒

🔊 ニューズ・リスニング（2 回目）

Stage 03 ... 日本語トランスレーション

🎧 ニュース原稿の日本語を確認してみよう！ その上で、ニュースを聴きながら、まだできていない部分の穴埋めに再チャレンジしよう。

『王の宣言』が、勝利の道を前進し続け、第82回アカデミー賞で最優秀映画賞を持ち帰りました。また、主演のコリン・ブリスベンは最優秀主演男優賞を獲得。『バード・レイディー』の主演ナタリー・ビーチリーが最優秀主演女優賞をつかみ取りました。『ウェザー・チェインジャー』の監督デイヴィッド・リドリーを抑えて『王の宣言』の監督であるサンディ・フーパーが選ばれたことは驚きでした。『宣言』は12のノミネートでトップを走っていましたが、最優秀オリジナル脚本賞を含む5つのオスカーを受賞しました。ユーモラスかつ感動的なスピーチで、「王とは違って、私は（感動のため）言葉がありません」とブリスベンはジョークを飛ばしました。彼は、受賞や現在の自身の人生のすべてのすばらしいことは、妻のハイジのおかげであると感謝を述べました。『ウェザー・チェインジャー』は結果的には最悪の敗者となりました。7つのノミネートを受けながら、どの賞をつかみ取ることにも失敗しました。ひとつひとつの賞がライバル映画に与えられる度に、リドリーはあからさまに次第に強い怒りの表情を浮かべていました。

🔊 ニュース・リスニング（3回目）

Stage 04 ... 英文トランスクリプション

🎧 ニュース原稿を確認してみよう！ 穴埋め部分の正解をチェックして、英文を理解し直そう。そのあとで、もう一度ニュースを聴いてみよう。

"The King's Announcement" continued its winning ways at the ① 82nd Annual Academy Awards, ② taking home the ③ big prize of ④ best picture, while its star Colin Brisbane received the Oscar for best actor; "Bird Lady" star Natalie Beechley snagged the award for best ⑤ actress. Sandy Hooper, the director of "The King's Announcement" was a surprise choice over "The Weather Changer" director David Ridley. "Announcement," which led the number of nominations with 12, received a ⑥ total of five Oscars, ⑦ including best original screenplay. ⑧ In a humorous and emotional speech, Brisbane joked, "Unlike the King, I'm speechless!" He thanked his wife, Heidi, for the award and " ⑨ all the good ⑩ that is in my life now." "The Weather Changer" came up the biggest loser, failing to grab any awards although ⑪ nominated for seven. Ridley showed obvious and increasing exasperation as each award ⑫ went to rival films.

🔊 ニュース・リスニング（4回目）

Stage 05 ··· 音声変化をチェック

まとめとして、穴埋め部分の音声変化の特徴をスロースピードとナチュラルスピードで確認しよう。下記に示したカタカナ表記で音声変化を確認して、もう一度ニュースを聴き直してみよう。発音変化のルールは適宜復習しよう。

2種類の音声を収録

CD 2-21

① **82nd** 　　　　　　　　エイティーセカンド　　▶　　エイディ [リ] ーセカン＿
☞ 破裂音 [t] の弾音化。末尾の破裂音 [d] の脱落

② **taking home** 　　　　テイキング・ホーム　　　▶　　テイキノーム
☞ 破裂音 [g] の脱落した taking に、[h] 音の脱落した home が連結

③ **big prize** 　　　　　　ビッグ・プライズ　　　　▶　　ビッ＿プライズ
☞ 破裂音 [g] の脱落

④ **best picture** 　　　　ベスト・ピクチャー　　　▶　　ベス＿ピクシャー
☞ 破裂音 [t] の脱落。picture の [ktʃu] で [t] 音の脱落

⑤ **actress** 　　　　　　　アクトゥレス　　　　　　▶　　アクチュレス
☞ [tr] の音が [tʃr] に変化

⑥ **total** 　　　　　　　　トウトゥル　　　　　　　▶　　トウドゥ [ル] ル
☞ 破裂音 [t] の弾音化

⑦ **including best** 　　　インクルーディング・ベスト ▶　インクルーディン＿ベスト
☞ 破裂音 [g] の脱落

⑧ **In a** 　　　　　　　　イン・ア　　　　　　　　▶　　イナ
☞ in の [n] 音に a が連結

⑨ **all the** 　　　　　　　オール・ザ　　　　　　　▶　　オー＿ザ
☞ all の [l] 音の脱落

⑩ **that is** 　　　　　　　ザット・イズ　　　　　　▶　　ザッディ [リ] ズ
☞ 連結部の破裂音 [t] の弾音化

⑪ **nominated** 　　　　　　ナマネイティッド　　　　▶　　ナマネイディ [リ] ッド
☞ 破裂音 [t] の弾音化

⑫ **went to** 　　　　　　　ウェント・トゥー　　　　▶　　ウェン＿トゥー
☞ 破裂音 [t] の脱落

🔊 ニューズ・リスニング（5 回目）

Starlet Gets Serious with Boyfriend

「スターレットと彼氏の真剣な交際」

Stage 01 … 穴埋めニュース・リスニング

音声変化に注意してCDでニュースを聴きながら、空欄部分を埋めてみよう。

ニュース音声収録

CD 2-22

① _____ _____ serious! First a romantic flight to Tahiti and now cohabiting a luxury ② _____ ? ③ _____ Jennifer Allyston and boyfriend Justin Case have reportedly moved in together, ④ _____ _____ Star Trends magazine. A source tells the publication, "they ⑤ _____ _____ rent a house together while they look for the perfect home. They're thrilled about ⑥ _____ _____ ⑦ _____ _____ new home." Jen moved ⑧ _____ _____ _____ ⑨ _____ _____ Beverly Hills mansion in July. We ⑩ _____ help but be curious when she and her new man would start living together. The attractive couple's Hollywood Hills apartment is said to provide them with much ⑪ _____ privacy, marble floors, an ozone pool, ⑫ _____ _____ - _____ spa and ⑬ _____ _____ . To ⑭ _____ _____ _____ , the master bedroom has high ceilings and Moroccan doors that ⑮ _____ _____ a gorgeous rose garden.

◀)) ニュース・リスニング（1回目）

Stage 02 ··· ニューズ・ボキャビル

🎧 ニュースのボキャブラリーを CD で確認しよう。そのあとでもう一度、ニュースのリスニングにチャレンジ。Stage 01 でできなかったところをもう一度聴き取って、穴埋めを完成させよう。

英日 音声収録

CD 2-23

① get serious	真剣になる
② cohabit	同棲する
③ luxury	豪華な；贅沢な
④ reportedly	伝えられるところによると
⑤ move in together	引っ越していっしょに暮らす
⑥ source	情報源（となる人物）
⑦ publication	出版物（ここでは既出の雑誌のこと）
⑧ mansion	豪邸；邸宅
⑨ can't help but ...	…せざるを得ない
⑩ new man	新しい愛人男性
⑪ live together	共に暮らす
⑫ attractive	魅力的な
⑬ provide	提供する；備えてある
⑭ privacy	プライバシー
⑮ marble	大理石
⑯ spa	温泉；ジャクジー
⑰ to top it off	さらに；その上
⑱ master bedroom	主寝室
⑲ ceiling	天井
⑳ lead to ...	…へ通じる

🔊 ニューズ・リスニング（2回目）

Stage 03 ･･･ 日本語トランスレーション

🎧 ニュース原稿の日本語を確認してみよう！ その上で、ニュースを聴きながら、まだできていない部分の穴埋めに再チャレンジしよう。

真剣になりつつあります！ まずはタヒチへロマンチックなフライトを行い、そして今度は高級マンションで同棲生活しているのですね？ スター・トレンド・マガジンによりますと、女優のジェニファー・アリストンと彼女のボーイフレンドのジャスティン・ケイスが共同生活を開始した模様なのです。「ふたりは、いっしょに家を借り、その間に完璧な物件を探すことに決めたんです。ふたりは新居でのいっしょの暮らしにワクワクしているんです」と情報の主が雑誌に語ったということです。ジェンは7月にビバリーヒルズの2千700万ドルの豪邸を出ました。彼女と彼女の新しい愛人がいつ共同生活を開始するのか、われわれは知りたくて仕方ありませんでした。魅力的なカップルのハリウッド・ヒルのマンションには、十分なプライバシーと大理石の床、オゾン・プール、部屋の中と外にある温泉、そして眺めのいいデッキが備わっていると言われています。さらに、主寝室には高い天井があり、モロッコ風のドアからは豪華なバラの庭園に出られるようになっているのです。

🔊 ニュース・リスニング（3回目）

Stage 04 ･･･ 英文トランスクリプション

🎧 ニュース原稿を確認してみよう！ 穴埋め部分の正解をチェックして、英文を理解し直そう。そのあとで、もう一度ニュースを聴いてみよう。

① It's getting serious! First a romantic flight to Tahiti and now cohabiting a luxury ② apartment? ③ Actress Jennifer Allyston and boyfriend Justin Case have reportedly moved in together, ④ according to Star Trends magazine. A source tells the publication, "they ⑤ decided to rent a house together while they look for the perfect home. They're thrilled about ⑥ living together ⑦ in their new home." Jen moved ⑧ out of her ⑨ $27 million Beverly Hills mansion in July. We ⑩ couldn't help but be curious when she and her new man would start living together. The attractive couple's Hollywood Hills apartment is said to provide them with much ⑪ needed privacy, marble floors, an ozone pool, ⑫ an indoor-outdoor spa and ⑬ viewing deck. To ⑭ top it off, the master bedroom has high ceilings and Moroccan doors that ⑮ lead to a gorgeous rose garden.

🔊 ニュース・リスニング（4回目）

Stage 05 … 音声変化をチェック

まとめとして、穴埋め部分の音声変化の特徴をスロースピードとナチュラルスピードで確認しよう。下記に示したカタカナ表記で音声変化を確認して、もう一度ニュースを聴き直してみよう。発音変化のルールは適宜復習しよう。

2種類の音声を収録

CD 2-24

① **It's getting** 　　　　　イッツ・ゲティング　　　　　▶ ツゲディン＿
☞ it's の [i] 音が脱落。getting の末尾の破裂音 [g] の脱落

② **apartment** 　　　　　アパートメント　　　　　▶ アパー＿メン＿
☞ 2カ所で破裂音 [t] の脱落

③ **Actress** 　　　　　アクトゥレス　　　　　▶ アクチュレス
☞ [tr] の音が [tʃr] に変化

④ **according to** 　　　　　アコーディング・トゥー　　　　　▶ アコーディ [リ] ン＿トゥー
☞ 破裂音 [g] の脱落。[d] 音は弾音化する場合もある

⑤ **decided to** 　　　　　ディサイディッド・トゥー　　　　　▶ ディサイディ [リ] ッ＿トゥー
☞ decided で、破裂音 [d] 音の弾音化と脱落

⑥ **living together** 　　　　　リヴィング・トゥギャザー　　　　　▶ リヴィン＿トゥギャザー
☞ 破裂音 [g] の脱落

⑦ **in their** 　　　　　イン・ゼァ　　　　　▶ イネァ
☞ [n] + [ð] の音が同化

⑧ **out of her** 　　　　　アウト・アヴ・ハー　　　　　▶ アウダヴァー
☞ 3語が連結。out of の連結部で [t] 音の弾音化。her は弱化して [ər]

⑨ **$27 million** 　　　　　トゥエンティーセヴン・ミリオン・ダラーズ
　　　　　　　　　　　　　　　　　　　　　　　　　▶ トゥエニーセヴン・ミリオンダラーズ
☞ 破裂音 [t] の脱落

⑩ **couldn't** 　　　　　クドゥント　　　　　▶ クンン＿
☞ 破裂音 [d] の声門閉鎖音化。末尾の [t] の脱落

⑪ **needed** 　　　　　ニーディッド　　　　　▶ ニーディッ＿
☞ 末尾の [d] の脱落

⑫ **an indoor-outdoor** 　　アン・インドー・アウトドー　　　　　▶ アニンドーアウ＿ドー
☞ an と indoor が連結。outdoor の破裂音 [t] の脱落

⑬ **viewing deck** 　　　　　ビューイング・デック　　　　　▶ ビューイン＿デック
☞ 破裂音 [g] の脱落

⑭ **top it off** 　　　　　タップ・イット・オフ　　　　　▶ タッピド [ロ] フ
☞ 3語が連結。it と off の連結部で [t] が弾音化

⑮ **lead to** 　　　　　リード・トゥー　　　　　▶ リー＿トゥー
☞ 破裂音 [d] の脱落

🔊 ニューズ・リスニング（5回目）

スターレットと彼氏の真剣な交際 … 109

26

U.S. Strengthens Economic Ties to 3 Countries

「3カ国と経済協力を強めるアメリカ」

Stage 01 … 穴埋めニュース・リスニング

音声変化に注意してCDでニュースを聴きながら、空欄部分を埋めてみよう。

ニュース音声収録

It took a long time, but the U.S. government is now ready to pass free trade agreements with Colombia, Panama and South Korea. Congressional approval of the plan ① _____ _____ a long time ② _____ _____ making. The initial trade agreement with Colombia was signed ③ _____ _____ way ④ _____ _____ 2006. The agreements with the other two countries were ⑤ _____ in 2007. The ⑥ _____ _____ with Colombia and Panama were, ⑦ _____ _____ some journalists, ⑧ _____ _____ a last-ditch ⑨ _____ _____ then President George Bushley. They were all that remains of the ⑩ _____ _____ former President Bill Lipton to establish the Free Trade Zone of the Americas. Hopes for that pan-American trade zone ⑪ _____ ⑫ _____ _____ 2005. Latin American countries, ⑬ _____ _____ socialist leaders in Venezuela and Brazil ⑭ _____ _____ focus on building trade blocs ⑮ _____ _____ the ⑯ _____ States.

◀)) ニュース・リスニング（1回目）

Stage 02 ··· ニュース・ボキャビル

🎧 ニュースのボキャブラリーを CD で確認しよう。そのあとでもう一度、ニュースのリスニングにチャレンジ。Stage 01 でできなかったところをもう一度聴き取って、穴埋めを完成させよう。

英日 音声収録

CD 2-26

①	pass	通過させる
②	free trade	自由貿易
③	agreement	協定；合意
④	congressional	議会の
⑤	approval	承認
⑥	in the making	作成中の
⑦	be signed	調印される
⑧	all the way back in ...	…までずっと遡って
⑨	trade deal	貿易協定
⑩	last-ditch	苦し紛れの；苦肉の
⑪	effort	努力
⑫	then president	当時の大統領
⑬	remain	残り；残存物
⑭	former	前の
⑮	free trade zone	自由貿易エリア
⑯	Americas	南北アメリカ
⑰	pan-American	（南北）全米州の
⑱	effectively	事実上
⑲	led by ...	…に先導される
⑳	socialist	社会主義者
㉑	trade bloc	貿易圏

🔊 ニューズ・リスニング（2回目）

Stage 03 … 日本語トランスレーション

🎧 ニュース原稿の日本語を確認してみよう！ その上で、ニュースを聴きながら、まだできていない部分の穴埋めに再チャレンジしよう。

長い時間がかかりましたが、そろそろアメリカ政府がコロンビア、パナマ、韓国との自由貿易協定法案を可決しそうです。議会による法案の承認には、長い時間がかかりました。コロンビアとの最初の貿易協定の調印は 2006 年に遡ります。他の 2 国との協定は 2007 年に署名されました。ジャーナリストによると、コロンビア、パナマとの協定は、当時の大統領だったジョージ・ブッシュリーの窮余の策のひとつであったとのことです。それらはすべて、南北アメリカに自由貿易エリアを創り出そうという前の大統領であるビル・リプトンによる試みの遺物だったのです。アメリカ全州を含む貿易エリアへの望みは、2005 年に事実上尽きていました。ベネズエラとブラジルの社会主義リーダーたちに先導されたラテンアメリカ諸国が、アメリカを除いた貿易圏の構築に的を絞るほうを選択したためです。

🔊 ニューズ・リスニング（3 回目）

Stage 04 … 英文トランスクリプション

🎧 ニュース原稿を確認してみよう！ 穴埋め部分の正解をチェックして、英文を理解し直そう。そのあとで、もう一度ニュースを聴いてみよう。

It took a long time, but the U.S. government is now ready to pass free trade agreements with Colombia, Panama and South Korea. Congressional approval of the plan ① has been a long time ② in the making. The initial trade agreement with Colombia was signed ③ all the way ④ back in 2006. The agreements with the other two countries were ⑤ written in 2007. The ⑥ trade deals with Colombia and Panama were, ⑦ according to some journalists, ⑧ part of a last-ditch ⑨ effort by then President George Bushley. They were all that remains of the ⑩ attempt by former President Bill Lipton to establish the Free Trade Zone of the Americas. Hopes for that pan-American trade zone ⑪ effectively ⑫ died in 2005. Latin American countries, ⑬ led by socialist leaders in Venezuela and Brazil ⑭ preferred to focus on building trade blocs ⑮ that excluded the ⑯ United States.

🔊 ニューズ・リスニング（4 回目）

Stage 05 … 音声変化をチェック

まとめとして、穴埋め部分の音声変化の特徴をスロースピードとナチュラルスピードで確認しよう。下記に示したカタカナ表記で音声変化を確認して、もう一度ニュースを聴き直してみよう。発音変化のルールは適宜復習しよう。

2種類の音声を収録

CD 2-27

① **has been**   ハズ・ビン   ▶ アズビン
 ☞ has が弱化して [ə] と発音

② **in the**   イン・ザ   ▶ イナ
 ☞ [n] + [ð] の音が同化

③ **all the**   オール・ザ   ▶ オー＿ザ
 ☞ [l] 音の脱落

④ **back in**   バック・イン   ▶ バッキン
 ☞ back の [k] に in が連結

⑤ **written**   リトゥン   ▶ リ ンン
 ☞ [t] の声門閉鎖音化

⑥ **trade deals**   トゥレイド・ディールズ   ▶ トゥレイ＿ディールズ
 ☞ 破裂音 [d] の脱落

⑦ **according to**   アコーディング・トゥー   ▶ アコーディ [リ] ン＿トゥー
 ☞ 破裂音 [g] の脱落。[d] 音は弾音化する場合もある

⑧ **part of a**   パート・アヴ・ア   ▶ パーダ [ラ] ヴァ
 ☞ 3語が連結。part と of の連結部の [t] の弾音化

⑨ **effort by**   エフォート・バイ   ▶ エフォー＿バイ
 ☞ 破裂音 [t] の脱落

⑩ **attempt by**   アテンプト・バイ   ▶ アテンプ＿バイ
 ☞ 破裂音 [t] の脱落

⑪ **effectively**   イフェクティヴリー   ▶ イフェ＿ティヴリー
 ☞ 破裂音 [k] の脱落

⑫ **died in**   ダイド・イン   ▶ ダイディン
 ☞ died の [d] に in が連結

⑬ **led by**   レッド・バイ   ▶ レッ＿バイ
 ☞ 破裂音 [d] の脱落

⑭ **preferred to**   プリファード・トゥー   ▶ プリファー＿トゥー
 ☞ 破裂音 [d] の脱落

⑮ **that excluded**   ザット・イクスクルーディッド   ▶ ザッディ [リ] クスクルーディッド
 ☞ 連結部の破裂音 [t] の弾音化

⑯ **United**   ユーナイティッド   ▶ ユーナイディ [リ] ッ＿
 ☞ 破裂音 [t] の弾音化。末尾の [d] の脱落

◀)) ニュース・リスニング（5回目）

27 Dow Up Slightly
「ダウ、小幅に上昇」

Stage 01 … 穴埋めニュース・リスニング

音声変化に注意して CD でニュースを聴きながら、空欄部分を埋めてみよう。

ニュース音声収録

CD 2-28

The Dow Jones ① _____ Average ② _____ _____ Friday, following a statement from Federal Reserve Chairman Benjamin Sleeper. He said ③ _____ _____ ④ _____ bank continues its focus on improving the nation's economy and ⑤ _____ jobs. The Dow began the day by dipping 3.03 points, or 0.03 percent, to just under 11,000. However, in response to Mr. Sleeper's statement, stocks jumped ⑥ _____ _____ of .9 percent, pushing gains higher by the end of the day. The Fed chairman ⑦ _____ that ⑧ _____ _____ ⑨ _____ _____ Washington have caused concerns about decisions ⑩ _____ _____ the ⑪ _____ bank. His statement was timed to show that Washington is focused on job growth. ⑫ _____ _____ own words, "our ⑬ _____ number one, number two and number three: jobs, jobs and jobs." In ⑭ _____ _____ Mr. Sleeper's confident statements, the government adjusted its estimated ⑮ _____ - _____ GDP growth to an anemic rate of 1% from 1.3%. ⑯ _____ _____ require more than just words to fix an economy in as bad shape as the U.S. is in now.

🔊 ニュース・リスニング（1回目）

Stage 02 … ニュース・ボキャビル

ニュースのボキャブラリーを CD で確認しよう。そのあとでもう一度、ニュースのリスニングにチャレンジ。Stage 01 でできなかったところをもう一度聴き取って、穴埋めを完成させよう。

英日 音声収録

CD 2-29

①	Dow Jones	ダウ・ジョーンズ
②	industrial average	平均工業株価
③	inch up	わずかに上がる
④	following ...	…のあとで
⑤	federal	連邦の
⑥	central bank	中央銀行
⑦	continue	継続する
⑧	focus	焦点
⑨	improve	改善する
⑩	dip	下がる；落ちる
⑪	statement	声明
⑫	stock	株（価）
⑬	an average of ...	平均で…
⑭	push gains	利益を押し上げる
⑮	note	言及する
⑯	out of ...	…からの
⑰	be timed to ...	…するためにタイミングを見計らう
⑱	priority	優先順位
⑲	anemic	精彩を欠く；わずかな
⑳	bad shape	（経済・経営・体調などが）悪い状態

◀)) ニュース・リスニング（2 回目）

Stage 03 … 日本語トランスレーション

🎧 ニュース原稿の日本語を確認してみよう！ その上で、ニュースを聴きながら、まだできていない部分の穴埋めに再チャレンジしよう。

ダウ・ジョーンズ平均工業株価は、FR のチェアマンであるベンジャミン・スリーパーのコメントを受けてわずかに上昇しました。中央銀行は国家的な経済回復と雇用の創出に焦点を絞り続けると、彼は語りました。ダウは 3.03 ポイントあるいは 0.03 パーセント下降し、11000 をわずかに下回って始まりました。しかしながら、スリーパー氏のコメントに反応して、取引終了までには株価は平均で 0.9% 跳ね上がり利益を押し上げました。FR のチェアマンは、このところワシントンから出てくるさまざまな決定が、人々に中央銀行の決定について懸念を抱かせていることに言及しました。彼のコメントは、ワシントンが雇用の増加に的を絞っていることを示すためにタイミングを見計らったものでした。彼の言葉を借りれば、「われわれの優先順位の1番目、2番目、そして3番目は、職、職、そして職なのです」という表現になります。スリーパー氏の自信に満ちた声明にもかかわらず、政府は第2四半期の GDP 成長率の見通しを 1.3% からわずか 1% へと修正しました。いまのアメリカほど落ち込んでいる経済を修復するためには、雄弁さだけでは不足なのです。

🔊 ニュース・リスニング（3回目）

Stage 04 … 英文トランスクリプション

🎧 ニュース原稿を確認してみよう！ 穴埋め部分の正解をチェックして、英文を理解し直そう。そのあとで、もう一度ニュースを聴いてみよう。

The Dow Jones ① Industrial Average ② inched up Friday, following a statement from Federal Reserve Chairman Benjamin Sleeper. He said ③ that the ④ central bank continues its focus on improving the nation's economy and ⑤ creating jobs. The Dow began the day by dipping 3.03 points, or 0.03 percent, to just under 11,000. However, in response to Mr. Sleeper's statement, stocks jumped ⑥ an average of .9 percent, pushing gains higher by the end of the day. The Fed chairman ⑦ noted that ⑧ recent decisions ⑨ out of Washington have caused concerns about decisions ⑩ made by the ⑪ central bank. His statement was timed to show that Washington is focused on job growth. ⑫ In his own words, "our ⑬ priorities number one, number two and number three: jobs, jobs and jobs." In ⑭ spite of Mr. Sleeper's confident statements, the government adjusted its estimated ⑮ second-quarter GDP growth to an anemic rate of 1% from 1.3%. ⑯ It will require more than just words to fix an economy in as bad shape as the U.S. is in now.

🔊 ニュース・リスニング（4回目）

Stage 05 ・・・ 音声変化をチェック

まとめとして、穴埋め部分の音声変化の特徴をスロースピードとナチュラルスピードで確認しよう。下記に示したカタカナ表記で音声変化を確認して、もう一度ニュースを聴き直してみよう。発音変化のルールは適宜復習しよう。

2種類の音声を収録

CD 2-30

① **Industrial** インダストゥリアル ▶ インダスチュリアル
☞ [str] の音が [stʃr] に変化

② **inched up** インチト・アップ ▶ インチタップ
☞ inched の [t] に up が連結

③ **that the** ザット・ザ ▶ ザッ_ザ
☞ 破裂音 [t] の脱落

④ **central** セントゥラル ▶ センチュラル
☞ [ntr] の音が [ntʃr] に変化

⑤ **creating** クリエイティング ▶ クリエイディ [リ] ン_
☞ 破裂音 [t] の弾音化。末尾の破裂音 [g] の脱落

⑥ **an average** アン・アヴァリッジ ▶ アナヴァリッジ
☞ an の [n] に average が連結

⑦ **noted** ノウティッド ▶ ノウディ [リ] ッド
☞ 破裂音 [t] の弾音化

⑧ **recent decisions** リスント・ディシジャンズ ▶ リスン_ディシジャンズ
☞ 破裂音 [t] の脱落

⑨ **out of** アウト・アヴ ▶ アウダ [ラ] ヴ
☞ 破裂音 [t] が連結部で弾音化

⑩ **made by** メイド・バイ ▶ メイ_バイ
☞ 破裂音 [d] の脱落

⑪ **central** セントゥラル ▶ センチュラル
☞ [ntr] の音が [ntʃr] に変化

⑫ **In his** イン・ヒズ ▶ イニズ
☞ in の [n] に弱化した his [ɪz] が連結

⑬ **priorities** プライオーラティーズ ▶ プライオーラディ [リ] ーズ
☞ 破裂音 [t] の弾音化

⑭ **spite of** スパイト・アヴ ▶ スパイタヴ
☞ spite の [t] に of が連結

⑮ **second-quarter** セカンド・クォーター ▶ セカン_クォーダ [ラ] ー
☞ second の [d] の脱落。quarter の [t] の弾音化

⑯ **It will** イット・ウィル ▶ イドゥ [ル] ル
☞ 短縮形の it'll の [t] 音が弾音化

🔊 ニュース・リスニング（5回目）

Budget Negotiations Deadlocked
「行き詰まった予算交渉」

Stage 01 … 穴埋めニュース・リスニング

音声変化に注意してCDでニュースを聴きながら、空欄部分を埋めてみよう。

ニュース音声収録

Budget negotiations are ① _____ while both Congress and the president ② _____ _____ work ③ _____ _____ compromise that will avoid a ④ _____ of the government. ⑤ _____ _____ Republicans on the Congressional Budget Caucus have rejected anything ⑥ _____ _____ from the executive office ⑦ _____ _____ tax increases. Republican leaders strongly reject charges that they are sabotaging negotiations in order to make it harder for the president to be reelected. "Our job is to protect the people, not help the ⑧ _____ _____ four more years," says caucus leader ⑨ _____ Sam Firebreather. If the ⑩ _____ does happen, ⑪ _____ _____ ⑫ _____ _____ instant impact. Parks, museums and other public spaces may close as early as next Monday. Items such as police officers' and teachers' salaries ⑬ _____ _____ _____ affected for about six weeks, if there is no deal.

🔊 ニュース・リスニング（1回目）

Stage 02 … ニュース・ボキャビル

ニュースのボキャブラリーを CD で確認しよう。そのあとでもう一度、ニュースのリスニングにチャレンジ。Stage 01 でできなかったところをもう一度聴き取って、穴埋めを完成させよう。

英日 音声収録

CD 2-32

①	budget	予算
②	negotiation	交渉
③	deadlocked	暗礁に乗り上げて
④	while ...	…の一方で
⑤	congress	議会
⑥	compromise	妥協
⑦	shutdown	機能停止；閉鎖
⑧	caucus	委員会
⑨	reject	拒否する
⑩	executive office	大統領府
⑪	tax increase	増税
⑫	republican	共和党の
⑬	reject	拒否する
⑭	sabotage	妨害する
⑮	reelect	再選する
⑯	senator	上院議員
⑰	instant	即座の
⑱	impact	影響
⑲	be affected	影響を受ける
⑳	deal	合意

🔊 ニューズ・リスニング（2 回目）

Stage 03···日本語トランスレーション

🎧 ニュース原稿の日本語を確認してみよう！ その上で、ニュースを聴きながら、まだできていない部分の穴埋めに再チャレンジしよう。

議会と大統領の双方は、政府の機能停止を避けるためになんとか妥協にたどり着こうとしていますが、予算交渉は依然として暗礁に乗り上げています。議会の予算委員会の共和党議員全員が、増税を含む大統領府から出てくる提案のすべてを拒否しているのです。大統領の再選を難しくするために交渉をサボタージュしているという非難を、共和党の指導者たちは強く否定しています。「われわれの仕事は市民を守ることであって、大統領に次の4年間の任期を与える手助けをすることではない」と、委員会のリーダーであるサム・ファイアーブリーザー上院議員は語ります。もし、政府の機能停止が現実に起これば、すぐにも影響が出始めます。公園や博物館、そのほかの公共のスペースが、早速、次の月曜日には閉鎖になります。警官や教員の給料といったものは、合意に至らない場合にも、約6週間は影響を受けません。

🔊 ニュース・リスニング（3回目）

Stage 04···英文トランスクリプション

🎧 ニュース原稿を確認してみよう！ 穴埋め部分の正解をチェックして、英文を理解し直そう。そのあとで、もう一度ニュースを聴いてみよう。

Budget negotiations are ① deadlocked while both Congress and the president ② try to work ③ out a compromise that will avoid a ④ shutdown of the government. ⑤ All the Republicans on the Congressional Budget Caucus have rejected anything ⑥ that comes from the executive office ⑦ that includes tax increases. Republican leaders strongly reject charges that they are sabotaging negotiations in order to make it harder for the president to be reelected. "Our job is to protect the people, not help the ⑧ president get four more years," says caucus leader ⑨ Senator Sam Firebreather. If the ⑩ shutdown does happen, ⑪ it will ⑫ have an instant impact. Parks, museums and other public spaces may close as early as next Monday. Items such as police officers' and teachers' salaries ⑬ will not be affected for about six weeks, if there is no deal.

🔊 ニュース・リスニング（4回目）

Stage 05 ... 音声変化をチェック

まとめとして、穴埋め部分の音声変化の特徴をスロースピードとナチュラルスピードで確認しよう。下記に示したカタカナ表記で音声変化を確認して、もう一度ニュースを聴き直してみよう。発音変化のルールは適宜復習しよう。

2種類の音声を収録

CD 2-33

① **deadlocked** デッドラックト ▶ デッ＿ラックト
☞ 破裂音 [d] の脱落

② **try to** トゥライ・トゥー ▶ トゥライドゥ [ル] ー
☞ 破裂音 [t] の弾音化。[トゥライダ] という発音になることもある

③ **out a** アウト・ア ▶ アウダ [ラ]
☞ 連結部の [t] の弾音化

④ **shutdown** シャットダウン ▶ シャッ＿ダウン
☞ 破裂音 [t] の脱落

⑤ **All the** オール・ザ ▶ オー＿ザ
☞ [l] 音の脱落

⑥ **that comes** ザット・カムズ ▶ ザッ＿カムズ
☞ 破裂音 [t] の脱落

⑦ **that includes** ザット・インクルーズ ▶ ザッディ [リ] ンクルーズ
☞ 連結部の [t] の弾音化

⑧ **president get** プレジデント・ゲット ▶ プレジデン＿ゲット
☞ 破裂音 [t] の脱落

⑨ **Senator** セナター ▶ セナダ [ラ] ー
☞ 破裂音 [t] の弾音化

⑩ **shutdown** シャットダウン ▶ シャッ＿ダウン
☞ 破裂音 [t] の脱落

⑪ **it will** イット・ウィル ▶ イドゥ [ル] ル
☞ 短縮形の it'll の [t] 音が弾音化

⑫ **have an** ハヴ・アン ▶ ハヴァン
☞ have の [v] に an が連結

⑬ **will not be** ウィル・ナット・ビ ▶ ウィルナッ＿ビ
☞ 破裂音 [t] の脱落

🔊 ニューズ・リスニング（5回目）

NEWS 29

Keeonala 1st Female Barsi PM
「キーオナラ、バージナム初の女性首相に」

stage 01 … 穴埋め ニュース・リスニング

音声変化に注意して CD でニュースを聴きながら、空欄部分を埋めてみよう。

ニュース音声収録

CD 2-34

Barsinam's parliament is ① _____ this week for the ② _____ _____ since the July 3 general elections that resulted ③ _____ _____ clear ④ _____ for the Peoples' Barsi ⑤ _____ and a clear victory for its leader, Saraba Keeonala. But Ms. Keeonala faces ⑥ _____ difficulties ranging from selection ⑦ _____ _____ Cabinet to implementing the party's many campaign promises. Barsinam's parliament will elect Ms. Keeonala the ⑧ _____ first woman prime minister ⑨ _____ _____ vote ⑩ _____ _____ happen as early as Friday this week. The ⑪ _____ -year-old's PBP Party won 265 seats in the house and merged with minor ⑫ _____ to hold a voting ⑬ _____ of 300 seats in the 500 member House of Representatives. At Monday's ceremonial opening, Barsinam's Crown Prince Ransook Devalavun, spoke on behalf ⑭ _____ _____ father, the Barsi king. He ⑮ _____ _____ all government officials to support the new PM.

◀)) ニュース・リスニング（1 回目）

Stage 02 ニュース・ボキャビル

ニュースのボキャブラリーを CD で確認しよう。そのあとでもう一度、ニュースのリスニングにチャレンジ。Stage 01 でできなかったところをもう一度聴き取って、穴埋めを完成させよう。

英日 音声収録

①	parliament	議会
②	general elections	総選挙
③	result in ...	結果として…になる
④	clear majority	明白な過半数
⑤	party	党
⑥	leader	指導者
⑦	face	直面する
⑧	considerable	かなりの
⑨	difficulty	困難
⑩	range from ... to ...	…から…にわたる
⑪	cabinet	内閣
⑫	implement	履行する；実施する
⑬	campaign promises	選挙公約
⑭	elect	選出する
⑮	prime minister	首相
⑯	seat	議席
⑰	minor parties	弱小政党
⑱	House of Representatives	衆議院；下院
⑲	call on	呼びかける
⑳	official	役人

◀)) ニュース・リスニング（2 回目）

stage 03 ... 日本語トランスレーション

🎧 ニュース原稿の日本語を確認してみよう！ その上で、ニュースを聴きながら、まだできていない部分の穴埋めに再チャレンジしよう。

今週、バージナムの議会がはじめて招集されます。7月3日に行われ、バージ人民党の圧勝とそのリーダーであるサラバ・キーオナラの明確な勝利に終わった総選挙以来初めてのことです。しかし、キーオナラ女史は、組閣から多くの選挙公約の実行まで、広範にわたる困難に直面しています。バージナムの議会は、今週の金曜日にも行われる投票で、キーオナラ女史をバージナム初の女性首相に選出することになります。創立47年目のバージ人民党は、議会の265議席を勝ち取り、500議席の衆議院の中で300議席の多数を占めるために小政党と連携しています。月曜日の開会式典では父王の代理としてバージナムのランスック・デヴァラヴァン王子が話をし、政府関係者全員が新しい首相を支えるよう呼びかけました。

🔊 ニューズ・リスニング（3回目）

stage 04 ... 英文トランスクリプション

🎧 ニュース原稿を確認してみよう！ 穴埋め部分の正解をチェックして、英文を理解し直そう。そのあとで、もう一度ニュースを聴いてみよう。

Barsinam's parliament is ① meeting this week for the ② first time since the July 3 general elections that resulted ③ in a clear ④ majority for the Peoples' Barsi ⑤ Party and a clear victory for its leader, Saraba Keeonala. But Ms. Keeonala faces ⑥ considerable difficulties ranging from selection ⑦ of her Cabinet to implementing the party's many campaign promises. Barsinam's parliament will elect Ms. Keeonala the ⑧ country's first woman prime minister ⑨ in a vote ⑩ that could happen as early as Friday this week. The ⑪ 47-year-old's PBP Party won 265 seats in the house and merged with minor ⑫ parties to hold a voting ⑬ majority of 300 seats in the 500 member House of Representatives. At Monday's ceremonial opening, Barsinam's Crown Prince Ransook Devalavun, spoke on behalf ⑭ of his father, the Barsi king. He ⑮ called on all government officials to support the new PM.

🔊 ニューズ・リスニング（4回目）

Stage 05 ・・・ 音声変化をチェック

まとめとして、穴埋め部分の音声変化の特徴をスロースピードとナチュラルスピードで確認しよう。下記に示したカタカナ表記で音声変化を確認して、もう一度ニュースを聴き直してみよう。発音変化のルールは適宜復習しよう。

2種類の音声を収録

CD 2-36

① **meeting** ミーティング ▶ ミーディ [リ] ング
☞ 破裂音 [t] の弾音化

② **first time** フゥースト・タイム ▶ フゥース_タイム
☞ 破裂音 [t] の脱落

③ **in a** イン・ア ▶ イナ
☞ in の [n] に a が連結

④ **majority** マジョラティー ▶ マジョラディ [リ] ー
☞ 破裂音 [t] の弾音化

⑤ **Party** パーティー ▶ パーディ [リ] ー
☞ 破裂音 [t] の弾音化

⑥ **considerable** カンシダラブル ▶ カンシダ [ラ] ラブル
☞ 破裂音 [d] の弾音化

⑦ **of her** アヴ・ハー ▶ アヴァー
☞ of の [v] 音に弱化した her [ər] が連結

⑧ **country's** カントゥリーズ ▶ カンチュリーズ
☞ [ntr] の音が [ntʃr] に変化

⑨ **in a** イン・ア ▶ イナ
☞ in の [n] に a が連結

⑩ **that could** ザット・クッド ▶ ザッ_クッド
☞ 破裂音 [t] の脱落

⑪ **47** フォーティーセヴン ▶ フォーディ [リ] ーセヴン
☞ 破裂音 [t] の弾音化

⑫ **parties** パーティーズ ▶ パーディ [リ] ーズ
☞ 破裂音 [t] の弾音化

⑬ **majority** マジョラティー ▶ マジョラディ [リ] ー
☞ 破裂音 [t] の弾音化

⑭ **of his** アヴ・ヒズ ▶ アヴィズ
☞ of に弱化した his [ɪz] が連結

⑮ **called on** コールド・オン ▶ コールドン
☞ called の [d] に on が連結

🔊 ニュース・リスニング（5 回目）

Japanese PM to Step Down
「日本の首相、辞任へ」

Stage 01 … 穴埋めニュース・リスニング

音声変化に注意してCDでニュースを聴きながら、空欄部分を埋めてみよう。

ニュース音声収録

Prime Minister Fumio Kagawa of Japan resigned from ① _____ of his ② _____ on Friday. This move clears the way for a new successor to be chosen, perhaps as early as Wednesday. ③ _____ _____ same time, Yuji Murafushi, Bank of Japan deputy governor ④ _____ _____ former chief official ⑤ _____ _____ nation's finance ⑥ _____ , stressed the need for continued efforts to reform fiscal policies no ⑦ _____ who Kagawa's replacement ⑧ _____ _____ . Kagawa delayed his decision until a piece of legislation he had pushed for was passed, which subsidizes renewable energy. The announcement comes as no surprise. He hemorrhaged support over his handling of the March nuclear disaster, and had ⑨ _____ _____ step down some time ⑩ _____ _____ . It is ⑪ _____ what steps ⑫ _____ _____ taken by Kagawa's successor, as there is a ⑬ _____ _____ political ⑭ _____ taking place.

🔊 ニュース・リスニング（1回目）

Stage 02 ··· ニュース・ボキャビル

🎧 ニュースのボキャブラリーを CD で確認しよう。そのあとでもう一度、ニュースのリスニングにチャレンジ。Stage 01 でできなかったところをもう一度聴き取って、穴埋めを完成させよう。

英日 音声収録

CD 2-38

① prime minister	内閣総理大臣
② resign	辞任する
③ clear the way for ...	…に道を譲る
④ successor	後継者
⑤ deputy governor	総裁代理
⑥ former	前の
⑦ chief official	トップ官僚
⑧ finance	経済の
⑨ ministry	省
⑩ stress	強調する
⑪ continued effort	継続的な努力
⑫ reform	改革する
⑬ fiscal policies	財政政策
⑭ replacement	後任
⑮ delay	遅延させる
⑯ legislation	法律；立法
⑰ pass	（議案を）通過させる
⑱ subsidize	助成する；助成金を与える
⑲ renewable	再生可能な
⑳ hemorrhage	大量に失う
㉑ infighting	内部抗争；紛争

🔊 ニュース・リスニング（2 回目）

stage 03 … 日本語トランスレーション

ニュース原稿の日本語を確認してみよう！　その上で、ニュースを聴きながら、まだできていない部分の穴埋めに再チャレンジしよう。

金曜日、日本のカガワ・フミオ首相が党首の座を退きました。この動きは、早ければ水曜日にも行われる、後任の新首相選出への道を開くことになります。同時に、日本銀行総裁代理で前の経済産業省のトップ官僚だったムラフシ・ユウジ氏は、カガワ首相の後継者がだれになろうとも、財政政策改革の継続的な努力が必要であると訴えました。カガワ首相は、自身が要求していた再生可能エネルギー助成法案が可決されるまで決断を遅らせていました。この発表には驚きは伴いませんでした。氏は、3月の原発災害の処理で大きく支持を失い、今年中に辞職することを約束していました。多くの内部での駆け引きが行われているため、カガワ氏の後継者によってどのような政策が取られるかは不鮮明です。

ニュース・リスニング（3回目）

stage 04 … 英文トランスクリプション

ニュース原稿を確認してみよう！　穴埋め部分の正解をチェックして、英文を理解し直そう。そのあとで、もう一度ニュースを聴いてみよう。

Prime Minister Fumio Kagawa of Japan resigned from ① leadership of his ② party on Friday. This move clears the way for a new successor to be chosen, perhaps as early as Wednesday. ③ At the same time, Yuji Murafushi, Bank of Japan deputy governor ④ and a former chief official ⑤ at the nation's finance ⑥ ministry, stressed the need for continued efforts to reform fiscal policies no ⑦ matter who Kagawa's replacement ⑧ might be. Kagawa delayed his decision until a piece of legislation he had pushed for was passed, which subsidizes renewable energy. The announcement comes as no surprise. He hemorrhaged support over his handling of the March nuclear disaster, and had ⑨ promised to step down some time ⑩ this year. It is ⑪ uncertain what steps ⑫ will be taken by Kagawa's successor, as there is a ⑬ lot of political ⑭ infighting taking place.

ニュース・リスニング（4回目）

Stage 05 … 音声変化をチェック

まとめとして、穴埋め部分の音声変化の特徴をスロースピードとナチュラルスピードで確認しよう。下記に示したカタカナ表記で音声変化を確認して、もう一度ニュースを聴き直してみよう。発音変化のルールは適宜復習しよう。

2種類の音声を収録

CD 2-39

① **leadership** — リーダーシップ ▶ リーダ [ラ] ーシップ
☞ 破裂音 [d] の弾音化

② **party** — パーティー ▶ パーディ [リ] ー
☞ 破裂音 [t] の弾音化

③ **At the** — アット・ザ ▶ アッ_ザ
☞ 破裂音 [t] の脱落

④ **and a** — アンド・ア ▶ アナ
☞ 破裂音 [d] の脱落。2語の連結

⑤ **at the** — アット・ザ ▶ アッ_ザ
☞ 破裂音 [t] の脱落

⑥ **ministry** — ミニスストゥリー ▶ ミニススチュリー
☞ [str] の音が [stʃr] に変化

⑦ **matter** — マター ▶ マダ [ラ] ー
☞ 破裂音 [t] の弾音化

⑧ **might be** — マイト・ビ ▶ マイ_ビ
☞ 破裂音 [t] の脱落

⑨ **promised to** — プラミスト・トゥー ▶ プラミス_トゥー
☞ 破裂音 [t] の脱落

⑩ **this year** — ズィス・イヤー ▶ ズィシャー
☞ [s] と [j] が同化

⑪ **uncertain** — アンスートゥン ▶ アンスーんン
☞ 破裂音 [t] の声門閉鎖音化

⑫ **will be** — ウィル・ビー ▶ ウィ_ビ
☞ [l] 音の脱落。be は「ビ」

⑬ **lot of** — ラット・アヴ ▶ ラッダ [ラ] ヴ
☞ 連結部で破裂音 [t] の弾音化

⑭ **infighting** — インファイティング ▶ インファイディ [リ] ン_
☞ 破裂音 [t] の弾音化。末尾の [g] の脱落

◀)) ニューズ・リスニング（5回目）

Priemus Still World's Most Fuel Efficient

「プリマスの燃費は、いまだに世界一」

Stage 01 … 穴埋めニュース・リスニング

音声変化に注意してCDでニュースを聴きながら、空欄部分を埋めてみよう。

ニュース音声収録

After a significant redesign for the 2010 ① _____ year, the 2011 Toyoda Priemus features no changes ② _____ _____. Reviews from experts ③ _____ no changes are ④ _____, as all agree that the Priemus ⑤ _____ _____ the best ⑥ _____ _____ in the world. Experts praise the car for its exceptional fuel efficiency. In addition, the car is praised for its comfortable ride and reasonable price. However, according to some reviewers, the interior ⑦ _____ is ⑧ _____ _____ _____ _____ they were expecting, ⑨ _____ _____ they praise the overall quality of the car. Its most ⑩ _____ _____, the Hyunda Accessa, is cheaper ⑪ _____ _____ widely regarded as inferior in terms of comfort and ride ⑫ _____. The Priemus is the most fuel- ⑬ _____ _____ available today, ⑭ _____ _____ electric vehicles, according to the U.S. ⑮ _____ Protection Agency.

◀)) ニュース・リスニング（1回目）

Stage 02 ··· ニューズ・ボキャビル

ニューズのボキャブラリーを CD で確認しよう。そのあとでもう一度、ニューズのリスニングにチャレンジ。Stage 01 でできなかったところをもう一度聴き取って、穴埋めを完成させよう。

英日 音声収録

CD 2-41

①	redesign	改造；再設計
②	model	型
③	feature	特色として採り入れる
④	change	変更
⑤	review	調査；批評
⑥	expert	専門家
⑦	hybrid	ハイブリッドの
⑧	praise	賞賛する
⑨	exceptional	非常に優れた
⑩	fuel efficiency	燃費
⑪	comfortable	快適な
⑫	reasonable price	手ごろな価格
⑬	interior	内装
⑭	quality	品質；質
⑮	overall	全体的な
⑯	competition	競合
⑰	regard as ...	…とみなす
⑱	inferior	劣った
⑲	in terms of ...	…に関して
⑳	environmental protection	環境保護

🔊 ニューズ・リスニング（2 回目）

プリウスの燃費は、いまだに世界一 ··· 131

Stage 03 … 日本語トランスレーション

🎧 ニュース原稿の日本語を確認してみよう！ その上で、ニュースを聴きながら、まだできていない部分の穴埋めに再チャレンジしよう。

2010年モデルでのメジャーなモデルチェンジのあととなる今年、2011年型のトヨダ・プリマスは、まったく手を加えられませんでした。専門家による評価では、変更の必要性は出てきませんでした。全員がプリマスはいまだに世界最高のハイブリッドカーであるということで一致しているのです。この車の非常に優れた燃費を、専門家たちは賞賛しています。また、プリマスは、優れた乗り心地やリーゾナブルな価格についても賞賛されています。しかしながら、批評家の中には、内装の質が期待に届いていないとするものもありますが、そういった人たちでさえ、全体的にはすばらしい車であると賞賛しています。プリマスのもっとも直接的な競合車種であるヒュンダ・アクセッサは、安価ではあるけれど、快適さと乗車のクオリティーについては劣っていると、広く一般には考えられています。アメリカ環境保護局によると、プリマスは、電気自動車を除けば、現在入手可能なもっとも燃費がよい自動車なのです。

🔊 ニューズ・リスニング（3回目）

Stage 04 … 英文トランスクリプション

🎧 ニュース原稿を確認してみよう！ 穴埋め部分の正解をチェックして、英文を理解し直そう。そのあとで、もう一度ニュースを聴いてみよう。

After a significant redesign for the 2010 ① model year, the 2011 Toyoda Priemus features no changes ② this year. Reviews from experts ③ suggest no changes are ④ needed, as all agree that the Priemus ⑤ is still the best ⑥ hybrid car in the world. Experts praise the car for its exceptional fuel efficiency. In addition, the car is praised for its comfortable ride and reasonable price. However, according to some reviewers, the interior ⑦ quality is ⑧ not as good as they were expecting, ⑨ but even they praise the overall quality of the car. Its most ⑩ direct competition, the Hyundai Accessa, is cheaper ⑪ but is widely regarded as inferior in terms of comfort and ride ⑫ quality. The Priemus is the most fuel- ⑬ efficient car available today, ⑭ not including electric vehicles, according to the U.S. ⑮ Environmental Protection Agency.

🔊 ニューズ・リスニング（4回目）

Stage 05 ... 音声変化をチェック

まとめとして、穴埋め部分の音声変化の特徴をスロースピードとナチュラルスピードで確認しよう。下記に示したカタカナ表記で音声変化を確認して、もう一度ニュースを聴き直してみよう。発音変化のルールは適宜復習しよう。

2種類の音声を収録

CD 2-42

① **model** マドゥル ▶ マドゥ [ル] ル
  ☞ 破裂音 [d] の弾音化
② **this year** ズィス・イヤー ▶ ズィシャー
  ☞ [s] と [j] が同化
③ **suggests** サグジェスツ ▶ サ_ジェスツ
  ☞ 破裂音 [g] の脱落
④ **needed** ニーディッド ▶ ニーディ [リ] ッド
  ☞ 破裂音 [d] の弾音化
⑤ **is still** イズ・スティル ▶ イ_スティル
  ☞ 連続する子音 [s] がひとつ脱落
⑥ **hybrid car** ハイブリッド・カー ▶ ハイブリッ_カー
  ☞ 破裂音 [d] の脱落
⑦ **quality** クァラティー ▶ クァラディ [リ] ー
  ☞ 破裂音 [t] の弾音化
⑧ **not as good as** ナット・アズ・グッド・アズ ▶ ナッダ [ラ] ズグッダ [ラ] ズ
  ☞ not と as, good と as の連結部で破裂音 [t] と [d] が弾音化
⑨ **but even** バット・イーヴン ▶ バッディ [リ] ーヴン
  ☞ but と even の連結部で破裂音 [t] の弾音化
⑩ **direct competition** ディレクト・カンパティシャン ▶ ディレク_カンパティシャン
  ☞ 破裂音 [t] の脱落
⑪ **but is** バット・イズ ▶ バッディ [リ] ズ
  ☞ but と is の連結部で破裂音 [t] の弾音化
⑫ **quality** クァラティー ▶ クァラディ [リ] ー
  ☞ 破裂音 [t] の弾音化
⑬ **efficient car** イフィシャント・カー ▶ イフィシャン_カー
  ☞ 破裂音 [t] の脱落
⑭ **not including** ナット・インクルーディング ▶ ナッディ [リ] ンクルーディン_
  ☞ not と including の連結部で [t] の弾音化。末尾の [g] の脱落
⑮ **Environmental** エンヴァイアランメントゥル ▶ エンヴァイアランメヌル
  ☞ 破裂音 [t] の脱落

🔊 ニューズ・リスニング（5回目）

Earliest Life Forms Sulfur-Based

「硫黄組成の最初の生命体」

Stage 01 … 穴埋めニュース・リスニング

音声変化に注意してCDでニュースを聴きながら、空欄部分を埋めてみよう。

ニュース音声収録

The earth's earliest ① _____ _____ , which developed and ② _____ _____ the period before oxygen was in the atmosphere, were sulfur-based, according to new research. They were cells and bacteria that ③ _____ _____ eating metabolized compounds ④ _____ _____ sulfur, not oxygen, as a nutrient. The researchers, from Berkeley ⑤ _____ in California and England's Oxford University, say the discovery of these early life forms reveals evidence that simple sulfur-based life forms existed. Moreover, they are ⑥ _____ our earliest ancestors. Research head Neville Brisbane of Oxford, says the ⑦ _____ _____ of the fossils they discovered are still alive today ⑧ _____ _____ fact are quite common. The sulfur-based bacteria can be ⑨ _____ _____ slimy gullies, ⑩ _____ _____ , etc. They live wherever there's ⑪ _____ free oxygen and they can live without organic ⑫ _____ . Professor Brisbane says their discovery may also have ⑬ _____ _____ on the search for life on other planets.

◀)) ニュース・リスニング（1回目）

Stage 02 ・・・ ニュース・ボキャビル

ニュースのボキャブラリーを CD で確認しよう。そのあとでもう一度、ニュースのリスニングにチャレンジ。Stage 01 でできなかったところをもう一度聴き取って、穴埋めを完成させよう。

英日 音声収録

CD 2-44

① life form	生命形態
② develop	発達する
③ oxygen	酸素
④ atmosphere	大気
⑤ sulfur-based	硫黄を基礎とする
⑥ cell	単細胞生物
⑦ bacteria	バクテリア
⑧ metabolized	化学分解された；代謝された
⑨ compounds	化合物；合成物
⑩ researcher	研究者
⑪ discovery	発見
⑫ reveal	明らかにする；露わにする
⑬ evidence	証拠
⑭ ancestor	祖先
⑮ fossil	化石
⑯ slimy	どろどろした；ねばねばした
⑰ gully	溝
⑱ hot spring	温泉
⑲ organic matter	有機物質
⑳ planet	惑星

ニュース・リスニング（2 回目）

Stage 03 … 日本語トランスレーション

🎧 ニュース原稿の日本語を確認してみよう！ その上で、ニュースを聴きながら、まだできていない部分の穴埋めに再チャレンジしよう。

大気中に酸素のない時代に発達、生存していた地球上でもっとも古い生命形態は、硫黄をベースにしていたことが新しい研究からわかりました。彼らは、酸素ではなく硫黄を含む化学分解された化合物を、栄養として摂取し生命を維持していた単細胞生物やバクテリアだったのです。カリフォルニア州のバークレー大学と英国のオックスフォード大学の研究者たちは、この初期の生命体の発見は、硫黄ベースのシンプルな生命体が存在した証拠を明らかにしてくれるものだと語ります。さらに、この生命体は、おそらくはわれわれの最初の祖先であるというのです。研究主任であるオックスフォード大学のネビル・ブリスベンは、彼らが発見した化石の生命体は今日も存在しており、実は非常に一般的なものであると語ります。硫黄ベースのバクテリアはどろどろの溝や温泉などで見つかります。バクテリアはわずかな酸素があればどこにでも生きることができ、生存に有機物質を必要としません。ブリスベン教授は、この発見は、ほかの惑星での生命の探索にも一定のインパクトを与えるものだと言います。

🔊 ニュース・リスニング（3回目）

Stage 04 … 英文トランスクリプション

🎧 ニュース原稿を確認してみよう！ 穴埋め部分の正解をチェックして、英文を理解し直そう。そのあとで、もう一度ニュースを聴いてみよう。

The earth's earliest ① life forms, which developed and ② lived during the period before oxygen was in the atmosphere, were sulfur-based, according to new research. They were cells and bacteria that ③ lived by eating metabolized compounds ④ which had sulfur, not oxygen, as a nutrient. The researchers, from Berkeley ⑤ University in California and England's Oxford University, say the discovery of these early life forms reveals evidence that simple sulfur-based life forms existed. Moreover, they are ⑥ probably our earliest ancestors. Research head Neville Brisbane of Oxford, says the ⑦ life forms of the fossils they discovered are still alive today ⑧ and in fact are quite common. The sulfur-based bacteria can be ⑨ found in slimy gullies, ⑩ hot springs, etc. They live wherever there's ⑪ little free oxygen and they can live without organic ⑫ matter. Professor Brisbane says their discovery may also have ⑬ an impact on the search for life on other planets.

🔊 ニュース・リスニング（4回目）

Stage 05 … 音声変化をチェック

まとめとして、穴埋め部分の音声変化の特徴をスロースピードとナチュラルスピードで確認しよう。下記に示したカタカナ表記で音声変化を確認して、もう一度ニュースを聴き直してみよう。発音変化のルールは適宜復習しよう。

2種類の音声を収録

CD 2-45

① **life forms** ライフ・フォームズ ▶ ライ＿フォームズ
☞ 連続する [f] 音がひとつ脱落

② **lived during** リヴド・デュアリング ▶ リヴ＿デュアリング
☞ 破裂音 [d] の脱落

③ **lived by** リヴド・バイ ▶ リヴ＿バイ
☞ 破裂音 [d] の脱落

④ **which had** フィッチ・ハッド ▶ フィッチャッド
☞ which の [tʃ] に弱化した had [əd] が連結

⑤ **University** ユニヴァーシティー ▶ ユニヴァーシディ [リ] ー
☞ 破裂音 [t] の弾音化

⑥ **probably** プラバブリー ▶ プラ＿ブリー
☞ 破裂音 [b] が脱落。さらにもう１カ所脱落して、[プローリー] と発音される場合もある

⑦ **life forms** ライフ・フォームズ ▶ ライ＿フォームズ
☞ 連続する [f] 音がひとつ脱落

⑧ **and in** アンド・イン ▶ アニン
☞ 破裂音 [d] の脱落。２語の連結

⑨ **found in** ファウンド・イン ▶ フォウンディ [リ] ン
☞ 連結部で破裂音 [d] の弾音化あるいは脱落

⑩ **hot springs** ハット・スプリングズ ▶ ハッ＿スプリングズ
☞ 破裂音 [t] の脱落

⑪ **little** リトゥル ▶ リドゥ [ル] ル
☞ 破裂音 [t] の弾音化

⑫ **matter** マター ▶ マダ [ラ] ー
☞ 破裂音 [t] の弾音化

⑬ **an impact** アン・インパクト ▶ アニンパクト
☞ an の [n] 音に impact が連結

◀)) ニューズ・リスニング（5 回目）

硫黄組成の最初の生命体

Economic Times Newspaper in Trouble

「苦境に立つエコノミック・タイムズ紙」

Stage 01 … 穴埋めニュース・リスニング

音声変化に注意してCDでニュースを聴きながら、空欄部分を埋めてみよう。

ニュース音声収録

The Economic Times, ① _____ _____ _____ world's oldest and, until ② _____ , most respected newspapers, may be forced to ③ _____ _____ its ④ _____ _____ by the end of this year if a " ⑤ _____ _____ " bid fails to materialize. The New York publication, which ⑥ _____ _____ height ⑦ _____ _____ circulation of four million, has been ⑧ _____ for years. This is ⑨ _____ _____ industry-wide declining readership, as well as the self inflicted wounds of a string of scandals, including plagiarism, insider trading allegations, and ⑩ _____ _____ release of the information of thousands of online ⑪ _____ . The most likely scenario is that the paper ⑫ _____ _____ gobbled by media conglomerate World News Corp., and will cease to exist ⑬ _____ _____ independent entity. However, billionaire oil tycoon Rhett Simmons is rumored to be assembling a group of investors sympathetic to the paper, to purchase it and ⑭ _____ _____ running ⑮ _____ _____ current form.

◀)) ニュース・リスニング（1回目）

Stage 02 … ニュース・ボキャビル

ニュースのボキャブラリーを CD で確認しよう。そのあとでもう一度、ニュースのリスニングにチャレンジ。Stage 01 でできなかったところをもう一度聴き取って、穴埋めを完成させよう。

英日 音声収録

CD 2-47

① economic	経済の
② respected	評価の高い；尊敬された
③ be forced to ...	…することを強いられる
④ shut down	停止する
⑤ printing press	印刷機
⑥ white knight	白騎士；企業の乗っ取りの救済手となる出資者
⑦ materialize	実現する
⑧ at its height	最高であった時期に
⑨ circulation	発行部数
⑩ struggle	もがく；あがく
⑪ industry-wide	産業全体にわたる
⑫ readership	読者数
⑬ inflict	（苦痛や損害などを）加える；負わせる
⑭ a string of ...	一連の…
⑮ plagiarism	盗用；盗作；剽窃
⑯ allegation	疑惑
⑰ illegal	不法な
⑱ release	放出；発表
⑲ subscriber	定期購読者
⑳ be gobbled	吸収合併される
㉑ sympathetic	同情的な；共感的な

🔊 ニュース・リスニング（2 回目）

stage 03 … 日本語トランスレーション

🎧 ニュース原稿の日本語を確認してみよう！ その上で、ニュースを聴きながら、まだできていない部分の穴埋めに再チャレンジしよう。

世界最古の新聞社のひとつであり、最近までもっとも高い評判を得ていたエコノミック・タイムズ紙に、救済会社による買収が実現しなければ、発行停止に追い込まれるかもしれません。ニューヨークで発行されているエコノミック・タイムズ紙は最高で400万部の発行部数を誇っていましたが、何年もの間、苦闘を続けています。業界全体での読者の減少に加えて、盗用、インサイダー取引疑惑、数千に及ぶオンライン契約者の個人情報の不法な放出などの一連のスキャンダルで、自らに加えた傷がこの原因となっています。もっとも可能性の高いシナリオは、エコノミック・タイムズ紙がメディア複合企業であるワールド・ニューズ・コーポレーションに吸収合併され、独立企業体としての存在を停止するというものです。しかしながら、石油業界の実力者である大富豪のレット・シモンズが、エコノミック・タイムズ紙を買収し現形態での経営を継続させるために、同紙に共感する投資家グループを集めていると噂されています。

🔊 ニュース・リスニング（3回目）

stage 04 … 英文トランスクリプション

🎧 ニュース原稿を確認してみよう！ 穴埋め部分の正解をチェックして、英文を理解し直そう。そのあとで、もう一度ニュースを聴いてみよう。

The Economic Times, ① one of the world's oldest and, until ② recently, most respected newspapers, may be forced to ③ shut down its ④ printing presses by the end of this year if a " ⑤ white knight" bid fails to materialize. The New York publication, which ⑥ at its height ⑦ had a circulation of four million, has been ⑧ struggling for years. This is ⑨ due to industry-wide declining readership, as well as the self inflicted wounds of a string of scandals, including plagiarism, insider trading allegations, and ⑩ an illegal release of the information of thousands of online ⑪ subscribers. The most likely scenario is that the paper ⑫ will be gobbled by media conglomerate World News Corp., and will cease to exist ⑬ as an independent entity. However, billionaire oil tycoon Rhett Simmons is rumored to be assembling a group of investors sympathetic to the paper, to purchase it and ⑭ keep it running ⑮ in its current form.

🔊 ニュース・リスニング（4回目）

Stage 05 … 音声変化をチェック

まとめとして、穴埋め部分の音声変化の特徴をスロースピードとナチュラルスピードで確認しよう。下記に示したカタカナ表記で音声変化を確認して、もう一度ニュースを聴き直してみよう。発音変化のルールは適宜復習しよう。

2種類の音声を収録

CD 2-48

① **one of the** ワン・アヴ・ザ ▶ ワナ＿ザ
☞ one の [n] に of が連結部。of の [v] 音が脱落

② **recently** リースントゥリー ▶ リースン＿リー
☞ 破裂音 [t] の脱落

③ **shut down** シャット・ダウン ▶ シャッ＿ダウン
☞ 破裂音 [t] の脱落

④ **printing presses** プリンティング・プレスィズ ▶ プリンティン＿プレスィズ
☞ 破裂音 [g] の脱落

⑤ **white knight** ホワイト・ナイト ▶ ホワイ＿ナイ＿
☞ 2カ所で破裂音 [t] の脱落

⑥ **at its** アット・イッツ ▶ アッディ [リ] ッツ
☞ 連結部の破裂音 [t] が弾音化

⑦ **had a** ハッド・ア ▶ ハッダ [ラ]
☞ 連結部の破裂音 [d] の弾音化

⑧ **struggling** ストラグリング ▶ スチュラグリング
☞ [str] の音が [stʃr] に変化

⑨ **due to** デュー・トゥ ▶ デュードゥ [ル] ー
☞ 破裂音 [t] の弾音化

⑩ **an illegal** アン・イリーガル ▶ アニリーガル
☞ an の [n] 音に illegal が連結

⑪ **subscribers** サブスクライヴァーズ ▶ サ＿スクライヴァーズ
☞ [b] 音の脱落。完全に脱落せず [f] に近い音になる場合もある

⑫ **will be** ウィル・ビー ▶ ウィ＿ビ
☞ [l] 音の脱落。be は「ビ」

⑬ **as an** アズ・アン ▶ アズァン
☞ as の [z] 音に an が連結

⑭ **keep it** キープ・イット ▶ キーピッ＿
☞ keep の [p] に it が連結。破裂音 [t] の脱落

⑮ **in its** イン・イッツ ▶ イニッツ
☞ in の [n] 音に its が連結

◀)) ニュース・リスニング（5回目）

IBMC Comes On Strong
「好調な動きを見せる IBMC」

Stage 01 … 穴埋めニュース・リスニング

音声変化に注意して CD でニュースを聴きながら、空欄部分を埋めてみよう。

ニュース音声収録

IBMC is moving into the latter half of ① _____ _____ with great confidence in its product lineup. It is also proceeding ② _____ _____ distractions and difficulties that ③ _____ _____ _____ other hardware developers are undergoing. Unlike its underperforming rivals, IBMC's continual investments ④ _____ _____ systems ⑤ _____ boost the confidence ⑥ _____ _____ B to B customers. As they say in the industry, nobody will ever lose their job for buying IBMC hardware. "We ⑦ _____ _____ great momentum coming ⑧ _____ _____ 2010, and we're still seeing brisk sales in all our businesses," CEO Peter Mousher said. "That's been driven by our ⑨ _____ of ongoing innovation. We strongly feel that research ⑩ _____ _____ is a key ⑪ _____ element. That allows us to deliver tailor made solutions based systems. I think ⑫ _____ _____ experiencing the wisdom of that strategy in the market acceptance of our products."

◀)) ニュース・リスニング（1回目）

Stage 02 ··· ニュース・ボキャビル

ニュースのボキャブラリーを CD で確認しよう。そのあとでもう一度、ニュースのリスニングにチャレンジ。Stage 01 でできなかったところをもう一度聴き取って、穴埋めを完成させよう。

英日 音声収録

① latter half	後半
② confidence	自信
③ product	製品
④ proceed	進行する
⑤ distraction	混乱
⑥ developer	開発会社
⑦ underperforming	十分に力を発揮していない
⑧ continual	継続的な
⑨ investment	投資
⑩ architecture	構造；構成
⑪ boost	増大する；高める
⑫ B to B	企業間取引の
⑬ build up	増強する
⑭ momentum	弾み；勢い
⑮ brisk	繁盛した；堅調な
⑯ CEO	最高経営責任者
	= Chief Executive Officer
⑰ ongoing	継続している
⑱ innovation	革新
⑲ research and development	研究開発
⑳ tailor made	注文仕立ての

◀)) ニューズ・リスニング（2 回目）

Stage 03 ･･･ 日本語トランスレーション

🎧 ニュース原稿の日本語を確認してみよう！ その上で、ニュースを聴きながら、まだできていない部分の穴埋めに再チャレンジしよう。

IBMC は、製品のラインアップに強い自信をもって今年度の後半戦に突入しようとしています。IBMC はまた、ほかのハードウェア開発企業が経験している混乱や困難なしに事業活動を続けています。十分な実力を発揮できていないライバルとは異なり、IBMC の継続的なシステム設計への投資が、B2B 顧客の信頼を高めています。業界で言われているように、IBMC のハードを購入すれば絶対に間違いはないのです。次のように CEO のピーター・マウシャーは語りました。「2010 年、われわれはすばらしい勢いを打ち立ててきましたし、現在でもビジネス全般で堅調なセールスが見られます。これらは私たちの戦略である絶え間ない革新によってもたらされたものなのです。私たちは研究開発こそが投資の鍵となる要素であると強く感じており、それによって弊社はテイラーメードのソリューションに基づいたシステムをお届けすることができるのです。マーケットによる弊社製品の受け入れ方を見ても、この戦略のすばらしさがわかります」。

🔊 ニューズ・リスニング（3 回目）

Stage 04 ･･･ 英文トランスクリプション

🎧 ニュース原稿を確認してみよう！ 穴埋め部分の正解をチェックして、英文を理解し直そう。そのあとで、もう一度ニュースを聴いてみよう。

IBMC is moving into the latter half of ① this year with great confidence in its product lineup. It is also proceeding ② without the distractions and difficulties that ③ some of the other hardware developers are undergoing. Unlike its underperforming rivals, IBMC's continual investments ④ in its systems ⑤ architecture boost the confidence ⑥ of its B to B customers. As they say in the industry, nobody will ever lose their job for buying IBMC hardware. "We ⑦ built up great momentum coming ⑧ out of 2010, and we're still seeing brisk sales in all our businesses," CEO Peter Mousher said. "That's been driven by our ⑨ strategy of ongoing innovation. We strongly feel that research ⑩ and development is a key ⑪ investment element. That allows us to deliver tailor made solutions based systems. I think ⑫ we are experiencing the wisdom of that strategy in the market acceptance of our products."

🔊 ニューズ・リスニング（4 回目）

Stage 05 ･･･ 音声変化をチェック

まとめとして、穴埋め部分の音声変化の特徴をスロースピードとナチュラルスピードで確認しよう。下記に示したカタカナ表記で音声変化を確認して、もう一度ニュースを聴き直してみよう。発音変化のルールは適宜復習しよう。

2種類の音声を収録

CD 2-51

① **this year**   ズィス・イヤー   ▶ ズィシャー
☞ [s] と [j] が同化

② **without the**   ウィザウト・ザ   ▶ ウィザウ_ザ
☞ 破裂音 [t] 脱落

③ **some of the**   サム・アヴ・ザ   ▶ サマ_ザ
☞ some の [m] 音に of が連結。of の [v] 音が脱落

④ **in its**   イン・イッツ   ▶ イニッツ
☞ in の [n] に its が連結

⑤ **architecture**   アーカテクチャー   ▶ アーカテクシャー
☞ [ktʃu] から [t] 音の脱落

⑥ **of its**   アヴ・イッツ   ▶ アヴィッツ
☞ of の [v] 音に its が連結

⑦ **built up**   ビルト・アップ   ▶ ビルタップ
☞ built の [t] 音に up が連結

⑧ **out of**   アウト・アヴ   ▶ アウダ [ラ] ヴ
☞ 連結部で破裂音 [t] の弾音化

⑨ **strategy**   ストゥラタジー   ▶ ストゥラダ [ラ] ジー
☞ 破裂音 [t] の弾音化

⑩ **and development**   アンド・ディヴェロプマント   ▶ アン_ディヴェロプマン_
☞ 破裂音 [d] と [t] の脱落

⑪ **investment**   インヴェストメント   ▶ インヴェス_メン_
☞ 2カ所で破裂音 [t] の脱落

⑫ **we are**   ウィ・アー   ▶ ウィアー
☞ 短縮形の we're の発音

🔊 ニューズ・リスニング（5回目）

Anti-Disaster Plan Needed
「必要とされる災害対策プラン」

Stage 01 … 穴埋めニュース・リスニング

音声変化に注意してCDでニュースを聴きながら、空欄部分を埋めてみよう。

ニュース音声収録

The landslide ① _____ _____ 18 and injured a dozen others in southern River ② _____ has produced calls for the government to ③ _____ _____ with a new disaster management system to more ④ _____ deal with torrential rain. Experts say reckless development projects were behind multiple landslides ⑤ _____ _____ _____ River City. Meanwhile, the death toll from the landslide ⑥ _____ record rainfall rose to 59 nationwide with 12 others ⑦ _____ missing, according to the National Emergency Management Agency Thursday. Engineering experts and civic groups claimed that ⑧ _____ _____ park construction site on Mt. Trevor ⑨ _____ to the disaster. It carved into ⑩ _____ slopes to build an ⑪ _____ lake to make the site more scenic. An ⑫ _____ said that ⑬ _____ _____ Mt. Trevor ⑭ _____ _____ other ⑮ _____ face the same dangers. "With local authorities developing them recklessly without ⑯ _____ _____ safety issues, this disaster was man-made. It was just ⑰ _____ to happen," he said.

◀)) ニュース・リスニング（1回目）

Stage 02 … ニュース・ボキャビル

🎧 ニュースのボキャブラリーを CD で確認しよう。そのあとでもう一度、ニュースのリスニングにチャレンジ。Stage 01 でできなかったところをもう一度聴き取って、穴埋めを完成させよう。

英日 音声収録

CD 3-02

①	landslide	地滑り；崖崩れ；土砂崩れ
②	injure	負傷させる
③	dozen	1 ダース（前後）の
④	call	要求
⑤	come up with ...	…を考えつく
⑥	disaster	災害
⑦	management	管理
⑧	deal with ...	…に対処する
⑨	torrential rain	豪雨
⑩	reckless	無謀な
⑪	multiple	複合的な
⑫	meanwhile	一方で
⑬	death toll	死亡者数
⑭	missing	行方不明の
⑮	emergency	緊急事態
⑯	civic group	市民団体
⑰	claim	主張する
⑱	construction site	建設現場
⑲	contribute to ...	…につながる；貢献する
⑳	carve	彫る；刻む
㉑	artificial	人工の

🔊 ニュース・リスニング（2 回目）

必要とされる災害対策プラン

Stage 03 … 日本語トランスレーション

🎧 ニュース原稿の日本語を確認してみよう！ その上で、ニュースを聴きながら、まだできていない部分の穴埋めに再チャレンジしよう。

リバー・シティーの南部で死者18名と十数名の負傷者を出す土砂崩れが起こり、政府に対して、より効果的に豪雨に対処するための新しい災害管理システムを作成するよう要求する声が上がっています。リバー・シティー周辺での無謀な開発計画が複数の土砂崩れの陰に潜んでいると、専門家は言います。一方で、国家緊急事態管理庁の木曜の発表によると、記録的な豪雨によって生じた土砂崩れによる死者数は全国で59名に達し、行方不明の報告は12名に上っています。土木工学の専門家と市民グループは、トレバー山の工業団地建設現場がこの惨事につながったと主張しています。人工湖を作り景観を向上させるために山の斜面を削ったためです。調査員は、トレバー山だけではなく、ほかの山々も同様の危機に直面していると語っています。「地方当局が安全の問題に注意を向けることなく無謀な開発を行っており、この災害は人災なのです。こういうことが起こるのは時間の問題だったのです」彼はこのようにも語りました。

🔊 ニューズ・リスニング（3回目）

Stage 04 … 英文トランスクリプション

🎧 ニュース原稿を確認してみよう！ 穴埋め部分の正解をチェックして、英文を理解し直そう。そのあとで、もう一度ニュースを聴いてみよう。

The landslide ① that killed 18 and injured a dozen others in southern River ② City has produced calls for the government to ③ come up with a new disaster management system to more ④ effectively deal with torrential rain. Experts say reckless development projects were behind multiple landslides ⑤ in and around River City. Meanwhile, the death toll from the landslide ⑥ caused by record rainfall rose to 59 nationwide with 12 others ⑦ reported missing, according to the National Emergency Management Agency Thursday. Engineering experts and civic groups claimed that ⑧ an industrial park construction site on Mt. Trevor ⑨ contributed to the disaster. It carved into ⑩ mountain slopes to build an ⑪ artificial lake to make the site more scenic. An ⑫ investigator said that ⑬ not only Mt. Trevor ⑭ but also other ⑮ mountains face the same dangers. "With local authorities developing them recklessly without ⑯ regard to safety issues, this disaster was man-made. It was just ⑰ waiting to happen," he said.

🔊 ニューズ・リスニング（4回目）

Stage 05 ··· 音声変化をチェック

まとめとして、穴埋め部分の音声変化の特徴をスロースピードとナチュラルスピードで確認しよう。下記に示したカタカナ表記で音声変化を確認して、もう一度ニュースを聴き直してみよう。発音変化のルールは適宜復習しよう。

2種類の音声を収録

CD 3-03

① **that killed**   ザット・キルド ▶ ザッ＿キルド
☞ 破裂音 [t] の脱落

② **City**   シティー ▶ シディ [リ] ー
☞ 破裂音 [t] の弾音化

③ **come up**   カム・アップ ▶ カマップ
☞ come の [m] に up が連結

④ **effectively**   イフェクティヴリー ▶ イフェ＿ティヴリー
☞ 破裂音 [k] の脱落

⑤ **in and around**   イン・アンド・アラウンド ▶ イナン＿アラウン＿
☞ in の [n] に and が連結。and と around の [d] 音の脱落

⑥ **caused by**   コーズド・バイ ▶ コーズ＿バイ
☞ 破裂音 [d] の脱落

⑦ **reported**   リポーティッド ▶ リポーディ [リ] ッド
☞ 破裂音 [t] の弾音化

⑧ **an industrial**   アン・インダストゥリアル ▶ アニンダスチュリアル
☞ 2語が連結。industrial では、[str] の音が [stʃr] に変化

⑨ **contributed**   カントゥリビューティッド ▶ カンチュリビューディ [リ] ッ＿
☞ [ntr] の音が [ntʃr] に変化。-ted の [t] 音の弾音化。末尾の [d] 音の脱落

⑩ **mountain**   マウントゥン ▶ マウンんン
☞ 破裂音 [t] の声門閉鎖音化

⑪ **artificial**   アータフィシャル ▶ アーダ [ラ] フィシャル
☞ 破裂音 [t] の弾音化

⑫ **investigator**   インヴェスティゲイター ▶ インヴェスティゲイダ [ラ] ー
☞ 破裂音 [t] の弾音化

⑬ **not only**   ナット・オウンリー ▶ ナッド [ロ] ウンリー
☞ 連結部の破裂音 [t] の弾音化

⑭ **but also**   バット・オールソウ ▶ バッド [ロ] ールソウ
☞ 連結部の破裂音 [t] の弾音化

⑮ **mountains**   マウントゥンズ ▶ マウンんンズ
☞ 破裂音 [t] の声門閉鎖音化

⑯ **regard to**   リガード・トゥー ▶ リガー＿トゥー
☞ 破裂音 [d] の脱落

⑰ **waiting**   ウェイティング ▶ ウェイディ [リ] ング
☞ 破裂音 [t] の弾音化

◀)) ニューズ・リスニング（5回目）

必要とされる災害対策プラン ··· 149

Elbe River Vacation Tour
「エルベ河の休暇ツアー」

Stage 01 … 穴埋めニュース・リスニング

音声変化に注意してCDでニュースを聴きながら、空欄部分を埋めてみよう。

ニュース音声収録

① _____ through a landscape of gorgeous ② _____ and medieval castles, the River Elbe passes through ③ _____ _____ Europe's most ④ _____ scenery. Beginning in mountains which lie on the Czech and Poland border the ⑤ _____ of the river flow southwest through the former ⑥ _____ of Bohemia. Here, gracefully undulating woodlands are ⑦ _____ with medieval towns and fairytale villages. The river continues its course through the lovely scenery of Germany, ⑧ _____ ⑨ _____ _____ the North Sea. The renowned ⑩ _____ is ⑪ _____ _____ historic ⑫ _____ , rural villages and verdant scenery. There are four UNESCO World Heritage Sites along its banks. From sumptuous palaces to cosmopolitan ⑬ _____ , every facet of Europe's ⑭ _____ and culture is ⑮ _____ to be discovered along this graceful waterway.

◀)) ニュース・リスニング（1回目）

Stage 02 ··· ニューズ・ボキャビル

ニューズのボキャブラリーを CD で確認しよう。そのあとでもう一度、ニューズのリスニングにチャレンジ。Stage 01 でできなかったところをもう一度聴き取って、穴埋めを完成させよう。

英日 音声収録

CD 3-05

① wind	曲がる；曲がりくねる
② landscape	風景；景色
③ gorgeous	壮麗な；豪華な
④ medieval	中世の
⑤ castle	城；城郭
⑥ lie on ...	…に横たわる
⑦ border	国境
⑧ kingdom	王国
⑨ gracefully	優雅に
⑩ undulating	うねる；起伏のある
⑪ woodlands	森林地帯
⑫ be dotted with ...	…を点々と散りばめられている
⑬ fairytale	おとぎ話
⑭ spill into ...	…へと注ぐ
⑮ renowned	有名な
⑯ rural	田舎の；田園の
⑰ verdant	青々とした；緑豊かな
⑱ World Heritage Sites	世界遺産
⑲ bank	河畔；岸辺
⑳ sumptuous	豪華な；贅沢な
㉑ cosmopolitan	国際的な

◀)) ニューズ・リスニング（2 回目）

Stage 03 … 日本語トランスレーション

ニュース原稿の日本語を確認してみよう！ その上で、ニュースを聴きながら、まだできていない部分の穴埋めに再チャレンジしよう。

> エルベ河は、壮麗な山々と中世の城郭のある風景を縫って曲がりくねりながら、ヨーロッパのもっともドラマティックな景色のいくつかを貫いてゆきます。チェコとポーランドの国境に横たわる山々に端を発し、エルベ河の水は、かつてのボヘミアの古代王国を貫いて南西に流れてゆきますが、ここは、優美に起伏する森林地帯で中世の町やおとぎ話に出てくるような村々が点在しています。エルベ河はドイツの美しい風景の中を通り抜けるコースを進み続け、最後には北海にあふれ出します。この有名な水路は歴史的な都市や地方の村落そして緑豊かな風景に囲まれています。河畔には4つのユネスコ世界遺産があります。豪華な宮殿の数々から、いくつもの国際都市まで、ヨーロッパの歴史と文化のあらゆる側面が、この優美なる水路に沿って、あなたに見つけられるのを待っています。

🔊 ニュース・リスニング（3回目）

Stage 04 … 英文トランスクリプション

ニュース原稿を確認してみよう！ 穴埋め部分の正解をチェックして、英文を理解し直そう。そのあとで、もう一度ニュースを聴いてみよう。

> ① Winding through a landscape of gorgeous ② mountains and medieval castles, the River Elbe passes through ③ some of Europe's most ④ dramatic scenery. Beginning in mountains which lie on the Czech and Poland border the ⑤ waters of the river flow southwest through the former ⑥ kingdom of Bohemia. Here, gracefully undulating woodlands are ⑦ dotted with medieval towns and fairytale villages. The river continues its course through the lovely scenery of Germany, ⑧ finally ⑨ spilling into the North Sea. The renowned ⑩ waterway is ⑪ surrounded by historic ⑫ cities, rural villages and verdant scenery. There are four UNESCO World Heritage Sites along its banks. From sumptuous palaces to cosmopolitan ⑬ cities, every facet of Europe's ⑭ history and culture is ⑮ waiting to be discovered along this graceful waterway.

🔊 ニュース・リスニング（4回目）

Stage 05 ・・・ 音声変化をチェック

まとめとして、穴埋め部分の音声変化の特徴をスロースピードとナチュラルスピードで確認しよう。下記に示したカタカナ表記で音声変化を確認して、もう一度ニュースを聴き直してみよう。発音変化のルールは適宜復習しよう。

2種類の音声を収録

CD 3-06

① **Winding** ワインディング ▶ ワインディン＿
☞ 末尾の破裂音 [g] の脱落

② **mountains** マウントゥンズ ▶ マウンんンズ
☞ 破裂音 [t] の声門閉鎖音化

③ **some of** サム・アヴ ▶ サマ＿
☞ some の [m] 音に of が連結。末尾の [v] 音の脱落

④ **dramatic** ドゥラマティック ▶ ドゥラマディ [リ] ック
☞ 破裂音 [t] の弾音化

⑤ **waters** ウォーターズ ▶ ウォーダ [ラ] ーズ
☞ 破裂音 [t] の弾音化

⑥ **kingdom** キングダム ▶ キン＿ダム
☞ 破裂音 [g] の脱落

⑦ **dotted** ダッティッド ▶ ダッディ [リ] ッド
☞ 破裂音 [t] の弾音化

⑧ **finally** ファイナリー ▶ ファインリー
☞ 曖昧な母音 [ə] の脱落あるいは弱化

⑨ **spilling into** スピリング・イントゥー ▶ スピリニイントゥー
☞ 2語が連結。破裂音 [g] の脱落

⑩ **waterway** ウォーターウェイ ▶ ウォーダ [ラ] ーウェイ
☞ 破裂音 [t] の弾音化

⑪ **surrounded by** サラウンディッド・バイ ▶ サラウンディッ＿バイ
☞ 破裂音 [d] の脱落

⑫ **cities** シティーズ ▶ シディ [リ] ーズ
☞ 破裂音 [t] の弾音化

⑬ **cities** シティーズ ▶ シディ [リ] ーズ
☞ 破裂音 [t] の弾音化

⑭ **history** ヒストゥリー ▶ ヒスチュリー
☞ [str] の音が [stʃr] に変化

⑮ **waiting** ウェイティング ▶ ウェイディ [リ] ング
☞ 破裂音 [t] の弾音化

🔊 ニュース・リスニング（5回目）

New Zone at AndyLand
「アンディランドに新エリア誕生」

Stage 01 … 穴埋めニュース・リスニング

音声変化に注意してCDでニュースを聴きながら、空欄部分を埋めてみよう。

ニュース音声収録

Andy, Inc. ① _____ _____ that Fantasyville at AndyLand Park will soon include Festival Square. To make way for the new feature, the boundaries of the popular land ② _____ _____ expanded by ③ _____ percent. The area will be transformed into a medieval village square, reminiscent of fairy tales. ④ _____ _____ ⑤ _____ _____ the square ⑥ _____ _____ Troll Tower, ⑦ _____ _____ scenes in the film Troll ⑧ _____ . Festival Square will be ⑨ _____ _____ ⑩ _____ and pavilions. The new area will serve ⑪ _____ _____ ⑫ _____ _____ with Andy, Inc.'s most popular princes and princesses. There ⑬ _____ _____ be regular activities, like the Royal ⑭ _____ _____ . The area will also include Fairy Theater, where guests can see their ⑮ _____ Andy, Inc. stories acted out on stage. At night, classic songs from the company's movies will be performed on the stage as The King's Medley. No word yet on the ⑯ _____ opening date for the new addition to the park.

◀))ニュース・リスニング（1回目）

Stage 02 ··· ニュース・ボキャビル

ニュースのボキャブラリーを CD で確認しよう。そのあとでもう一度、ニュースのリスニングにチャレンジ。Stage 01 でできなかったところをもう一度聴き取って、穴埋めを完成させよう。

英日 音声収録

CD 3-08

① announce	発表する；公表する
② include	含む；参入させる
③ festival	祭り
④ square	広場
⑤ feature	呼び物
⑥ boundary	境界
⑦ expand	拡大する
⑧ transform	変形させる
⑨ medieval	中世の；中世風の
⑩ village	村；村落
⑪ reminiscent of ...	…を思い起こさせる
⑫ fairy tale	おとぎ話
⑬ troll	(北欧神話などの) 巨人；小人
⑭ inspire	(着想などを) もたらす；想起させる
⑮ cottage	小さな別荘；バンガロー
⑯ regular	定期の
⑰ pomp	壮麗な
⑱ estimated	おおよその；見積もられた
⑲ opening date	開幕日
⑳ addition	付加

◀)) ニュース・リスニング (2回目)

stage 03 … 日本語トランスレーション

🎧 ニュース原稿の日本語を確認してみよう！ その上で、ニュースを聴きながら、まだできていない部分の穴埋めに再チャレンジしよう。

> アンディランド・パークのファンタジービルに、まもなくお祭り広場が登場すると、アンディ社が発表しました。新しいアトラクションを作るために、この人気パークの敷地は30％拡大されます。このエリアは、おとぎ話を思い出させる中世の村広場に造り替えられます。村の中心にはトロールタワーができますが、これは映画トロールの戦士の場面に着想を得たものです。お祭り広場の周りには、コテージやパビリオンが配置されます。この新エリアは、アンディ社のもっとも有名なプリンスやプリンセスたちとの出会いの場として機能します。王室の華麗なパレードなど、いつも行われる行事もあります。また、妖精シアターもあって、ゲストは、ステージ上で繰り広げられるお気に入りのアンディ社の物語を観覧することができます。夜になると、アンディ社の映画に登場したクラッシク曲が王様のメドレーとしてステージ上で演奏されます。しかし、パークの新しい施設のオープニングの日取りはまだアナウンスされていません。

🔊 ニュース・リスニング（3回目）

stage 04 … 英文トランスクリプション

🎧 ニュース原稿を確認してみよう！ 穴埋め部分の正解をチェックして、英文を理解し直そう。そのあとで、もう一度ニュースを聴いてみよう。

> Andy, Inc. ① has announced that Fantasyville at AndyLand Park will soon include Festival Square. To make way for the new feature, the boundaries of the popular land ② will be expanded by ③ thirty percent. The area will be transformed into a medieval village square, reminiscent of fairy tales. ④ At the ⑤ heart of the square ⑥ will be Troll Tower, ⑦ inspired by scenes in the film Troll ⑧ Fighters. Festival Square will be ⑨ surrounded by ⑩ cottages and pavilions. The new area will serve ⑪ as a ⑫ meeting place with Andy, Inc.'s most popular princes and princesses. There ⑬ will also be regular activities, like the Royal ⑭ Pomp Parade. The area will also include Fairy Theater, where guests can see their ⑮ favorite Andy, Inc. stories acted out on stage. At night, classic songs from the company's movies will be performed on the stage as The King's Medley. No word yet on the ⑯ estimated opening date for the new addition to the park.

🔊 ニュース・リスニング（4回目）

Stage 05 ・・・音声変化をチェック

まとめとして、穴埋め部分の音声変化の特徴をスロースピードとナチュラルスピードで確認しよう。下記に示したカタカナ表記で音声変化を確認して、もう一度ニュースを聴き直してみよう。発音変化のルールは適宜復習しよう。

2種類の音声を収録

CD 3-09

① **has announced** 　ハズ・アナウンスト　▶　ハザナウンス＿
☞ has の [z] に announced が連結。末尾の [t] 音の脱落

② **will be** 　ウィル・ビー　▶　ウィ＿ビ
☞ [l] 音の脱落。be は「ビ」

③ **thirty** 　サーティー　▶　サーディ [リ] ー
☞ 破裂音 [t] の弾音化

④ **At the** 　アット・ザ　▶　アッ＿ザ
☞ 破裂音 [t] の脱落

⑤ **heart of** 　ハート・アヴ　▶　ハーダ [ラ] ヴ
☞ 連結部で破裂音 [t] の弾音化

⑥ **will be** 　ウィル・ビー　▶　ウィ＿ビ
☞ [l] 音の脱落。be は「ビ」

⑦ **inspired by** 　インスパイアード・バイ　▶　インスパイアー＿バイ
☞ 破裂音 [d] の脱落

⑧ **Fighters** 　ファイターズ　▶　ファイダ [ラ] ーズ
☞ 破裂音 [t] の弾音化

⑨ **surrounded by** 　サラウンディッド・バイ　▶　サラウンディッ＿バイ
☞ 破裂音 [d] の脱落

⑩ **cottages** 　カッティジズ　▶　カッディ [リ] ジズ
☞ 破裂音 [t] の弾音化

⑪ **as a** 　アズ・ア　▶　アザ
☞ as の [z] に a が連結

⑫ **meeting place** 　ミーティング・プレイス　▶　ミーディ [リ] ン＿プレイス
☞ 破裂音 [t] の弾音化。[g] 音の脱落

⑬ **will also** 　ウィル・オールソウ　▶　ウィロールソウ
☞ will の [l] に also が連結。[l] 音は脱落する場合もある

⑭ **Pomp Parade** 　パンプ・パレイド　▶　パン＿パレイド
☞ 破裂音 [p] の脱落

⑮ **favorite** 　フェイヴァリット　▶　フェイヴリット
☞ 曖昧な母音 [ə] の脱落

⑯ **estimated** 　エスティメイティッド　▶　エスティメイディ [リ] ッド
☞ 破裂音 [t] の弾音化

🔊 ニューズ・リスニング（5回目）

38 Niah Caves Applies for World Heritage Status

「ニア・ケイブ、世界遺産登録を申請」

Stage 01 … 穴埋めニュース・リスニング

音声変化に注意してCDでニュースを聴きながら、空欄部分を埋めてみよう。

ニュース音声収録

Sarawak is ① _____ _____ _____ Niah Caves to be chosen ② _____ _____ UNESCO World Heritage Site. The state's Tourism Minister said Sarawak ③ _____ the caves for certification late ④ _____ _____ . The nomination ⑤ _____ _____ be reviewed by two bodies — one ⑥ _____ _____ national level. The other is the World Heritage Committee ⑦ _____ _____ UNESCO ⑧ _____ in Paris. "We look forward to Niah Caves becoming our next World Heritage Site. We are still ⑨ _____ to hear, ⑩ _____ _____ confident that it will be awarded the ⑪ _____ ," he said yesterday. The caves are ⑫ _____ _____ archaeological and historical site. ⑬ _____ _____ oldest remains of humans in Asia ⑭ _____ _____ found there. The caves were ⑮ _____ _____ early humans more than ⑯ _____ years ago.

◀)) ニュース・リスニング（1回目）

Stage 02 ··· ニュース・ボキャビル

ニュースのボキャブラリーを CD で確認しよう。そのあとでもう一度、ニュースのリスニングにチャレンジ。Stage 01 でできなかったところをもう一度聴き取って、穴埋めを完成させよう。

英日 音声収録

① cave	洞窟
② World Heritage Site	世界遺産
③ tourism	観光
④ minister	大臣
⑤ nominate	推薦する；指名する
⑥ certification	認定（証）
⑦ review	検査する；検討する
⑧ body	団体；組織
⑨ national level	国レベル
⑩ UNESCO	ユネスコ ＝ United Nations Educational Scientific and Cultural Organization
⑪ headquarters	本部
⑫ confident	自信に満ちた
⑬ award	授与する
⑭ status	地位
⑮ archaeological	考古学上の
⑯ historical	歴史的な
⑰ remain	遺跡
⑱ be inhabited by ...	…に居住される

◀)) ニューズ・リスニング（2 回目）

Stage 03 … 日本語トランスレーション

ニュース原稿の日本語を確認してみよう！ その上で、ニュースを聴きながら、まだできていない部分の穴埋めに再チャレンジしよう。

サラワク州はニアの洞窟がユネスコ世界遺産に選ばれることを待ち望んでいます。サラワク州は昨年遅くに、世界遺産としての認可を求めてこの洞窟を推薦したと、州の観光大臣が語りました。推薦は2つの委員会によって検討されることになっています ─ ひとつは国レベルで、もうひとつは、パリに本部を置くユネスコの世界遺産委員会です。「われわれはニアの洞窟がわが州の次の世界遺産になることを楽しみにしています。まだ結果待ちですが、世界遺産の地位を授与されるものと確信しています」と彼は昨日語りました。この洞窟群は、考古学的にも、歴史的にも重要な遺跡です。アジアでもっとも古い人類の遺跡のいくつかが、ここで発見されています。約4万年以上もの昔、この洞窟に初期の人類が居住していたのです。

ニューズ・リスニング（3回目）

Stage 04 … 英文トランスクリプション

ニュース原稿を確認してみよう！ 穴埋め部分の正解をチェックして、英文を理解し直そう。そのあとで、もう一度ニュースを聴いてみよう。

Sarawak is ① waiting for its Niah Caves to be chosen ② as a UNESCO World Heritage Site. The state's Tourism Minister said Sarawak ③ nominated the caves for certification late ④ last year. The nomination ⑤ had to be reviewed by two bodies ─ one ⑥ at the national level. The other is the World Heritage Committee ⑦ at the UNESCO ⑧ headquarters in Paris. "We look forward to Niah Caves becoming our next World Heritage Site. We are still ⑨ waiting to hear, ⑩ but are confident that it will be awarded the ⑪ status," he said yesterday. The caves are ⑫ an important archaeological and historical site. ⑬ Some of the oldest remains of humans in Asia ⑭ have been found there. The caves were ⑮ inhabited by early humans more than ⑯ 40,000 years ago.

ニューズ・リスニング（4回目）

Stage 05 ・・・ 音声変化をチェック

まとめとして、穴埋め部分の音声変化の特徴をスロースピードとナチュラルスピードで確認しよう。下記に示したカタカナ表記で音声変化を確認して、もう一度ニュースを聴き直してみよう。発音変化のルールは適宜復習しよう。

2種類の音声を収録

CD 3-12

① **waiting for its**　　ウェイティング・フォー・イッツ　▶ ウェイディ [リ] ンフォーイッツ
☞ 破裂音 [t] の弾音化。[g] の脱落。for と its も連結する場合がある

② **as a**　　アズ・ア　▶ アザ
☞ as の [z] に a が連結

③ **nominated**　　ナマネイティッド　▶ ナマネイディ [リ] ッド
☞ 破裂音 [t] の弾音化

④ **last year**　　ラスト・イヤー　▶ ラスチャー
☞ [t] と [j] の音が同化

⑤ **had to**　　ハッド・トゥー　▶ ハッ_トゥー
☞ 破裂音 [d] の脱落

⑥ **at the**　　アット・ザ　▶ アッ_ザ
☞ 破裂音 [t] の脱落

⑦ **at the**　　アット・ザ　▶ アッ_ザ
☞ 破裂音 [t] の脱落

⑧ **headquarters**　　ヘッドクォーターズ　▶ ヘッ_クォーダ [ラ] ーズ
☞ 破裂音 [d] の脱落。[t] の弾音化

⑨ **waiting**　　ウェイティング　▶ ウェイディ [リ] ング
☞ 破裂音 [t] の弾音化

⑩ **but are**　　バット・アー　▶ バッダ [ラ] ー
☞ 連結部で破裂音 [t] の弾音化

⑪ **status**　　ステイタス　▶ ステイダ [ラ] ス
☞ 破裂音 [t] の弾音化。ニュースでは [スタダス] と発音している

⑫ **an important**　　アン・インポータント　▶ アニンポーダ [ラ] ン_
☞ 2語が連結。破裂音の [t] の弾音化。末尾の [t] の脱落

⑬ **Some of the**　　サム・アヴ・ザ　▶ サマ_ザ
☞ 3語が連結。of の [v] 音の脱落。ニュースでは the は [ジ] と発音

⑭ **have been**　　ハヴ・ビン　▶ アヴビン
☞ have が弱化して「アヴ」と発音

⑮ **inhabited by**　　インハビティッド・バイ　▶ インハビティッ_バイ
☞ 破裂音 [d] の脱落。inhabited の [h] の音が脱落することもある

⑯ **40,000**　　フォーティーサウザンド　▶ フォーディ [リ] ーサウザンド
☞ 破裂音 [t] の弾音化

◀)) ニューズ・リスニング（5回目）

Protest Against Tuition Increase
「学費値上げへの抗議」

Stage 01 … 穴埋めニュース・リスニング

音声変化に注意してCDでニュースを聴きながら、空欄部分を埋めてみよう。

ニュース音声収録

① _____ students in Quebec ② _____ _____ ③ _____ in large numbers in autumn. The move is to protest against ④ _____ _____ hikes, ⑤ _____ _____ stated Monday. The province's ⑥ _____ _____ organization, The Federation of ⑦ _____ Students of Quebec, said demonstrations will continue through Nov. 10. On that day, they plan to hold a huge rally in downtown Montreal. Before then, they will launch teach-ins on ⑧ _____ _____ ⑨ _____ campuses. These will inform students about the impact of the government's decision to raise tuition by nearly ⑩ _____ percent over the next five years. The campaign will ⑪ _____ _____ of new research on student debt and the ⑫ _____ _____ financial aid availability.

◀)) ニュース・リスニング（1回目）

Stage 02 ・・・ ニュース・ボキャビル

ニュースのボキャブラリーを CD で確認しよう。そのあとでもう一度、ニュースのリスニングにチャレンジ。Stage 01 でできなかったところをもう一度聴き取って、穴埋めを完成させよう。

英日 音声収録

CD 3-14

① university	総合大学
② Quebec	ケベック
③ demonstrate	デモを行う
④ against ...	…に反対して
⑤ looming	迫り来る
⑥ tuition	授業料
⑦ hike	値上げ；上昇
⑧ state	明言する；公表する
⑨ province	（カナダの）州
⑩ organization	組織
⑪ federation	連盟
⑫ demonstration	デモ
⑬ hold a rally	集会を開く
⑭ launch	始める
⑮ teach-in	（非公式な）レクチャー
⑯ impact	影響
⑰ publication	刊行；発行
⑱ debt	負債（額）
⑲ financial aid	資金援助
⑳ availability	利用可能性

🔊 ニュース・リスニング（2 回目）

Stage 03 … 日本語トランスレーション

🎧 ニュース原稿の日本語を確認してみよう！ その上で、ニュースを聴きながら、まだできていない部分の穴埋めに再チャレンジしよう。

ケベックの大学生たちが、秋に大きなデモを予定しています。この運動は、迫りつつある学費の値上げに反対するためのものであると、学生のリーダーが月曜に発表しました。デモは11月10日まで継続されると、ケベック州最大の学生組織であるケベック大学生連盟が語りました。学生たちは、当日、モントリオールの市街地で大規模な集会を開く予定にしています。グループは、それ以前に非公式なレクチャーをさまざまな大学のキャンパスで開始します。このキャンペーンは、今後5年間で学費をほぼ75%値上げするという政府の決定が及ぼす影響について学生たちに知らせるためのものです。キャンペーンには、学生の負債と財政援助の提供の欠如に関する新たな研究報告の刊行も含まれています。

🔊 ニューズ・リスニング（3回目）

Stage 04 … 英文トランスクリプション

🎧 ニュース原稿を確認してみよう！ 穴埋め部分の正解をチェックして、英文を理解し直そう。そのあとで、もう一度ニュースを聴いてみよう。

① University students in Quebec ② will be ③ demonstrating in large numbers in autumn. The move is to protest against ④ looming tuition hikes, ⑤ student leaders stated Monday. The province's ⑥ biggest student organization, The Federation of ⑦ University Students of Quebec, said demonstrations will continue through Nov. 10. On that day, they plan to hold a huge rally in downtown Montreal. Before then, they will launch teach-ins on ⑧ college and ⑨ university campuses. These will inform students about the impact of the government's decision to raise tuition by nearly ⑩ 75 percent over the next five years. The campaign will ⑪ include publication of new research on student debt and the ⑫ lack of financial aid availability.

🔊 ニューズ・リスニング（4回目）

Stage 05 ・・・ 音声変化をチェック

まとめとして、穴埋め部分の音声変化の特徴をスロースピードとナチュラルスピードで確認しよう。下記に示したカタカナ表記で音声変化を確認して、もう一度ニュースを聴き直してみよう。発音変化のルールは適宜復習しよう。

2種類の音声を収録

CD 3-15

① **University** ユーナヴァーサティー ▶ ユーナヴァーサディ [リ] ―
☞ 破裂音 [t] の弾音化

② **will be** ウィル・ビー ▶ ウィ_ビ
☞ [l] 音の脱落。be は「ビ」

③ **demonstrating** デマンストゥレイティング ▶ デマンスチュレイティン_
☞ [str] の音が [stʃr] に変化。末尾の [g] の脱落

④ **looming tuition** ルーミング・トゥーイシャン ▶ ルーミン_トゥーイシャン
☞ 破裂音 [g] の脱落

⑤ **student leaders** ステュードゥント・リーダーズ ▶ ステュードゥン_リーダ [ラ] ―ズ
☞ 連結部で破裂音 [t] の脱落。leader の [d] 音の弾音化

⑥ **biggest student** ビッゲスト・ステュードゥント ▶ ビッゲ_ステュードゥント
☞ 重なった [st] 音の脱落。末尾の [t] も脱落することがある

⑦ **University** ユーナヴァーサティー ▶ ユーナヴァーサディ [リ] ―
☞ 破裂音 [t] の弾音化

⑧ **college and** カリッジ・アンド ▶ カリッジアン_
☞ 2語が連結。末尾の破裂音 [d] の脱落

⑨ **university** ユーナヴァーサティー ▶ ユーナヴァーサディ [リ] ―
☞ 破裂音 [t] の弾音化

⑩ **75** セヴンティーファイヴ ▶ セヴニーファイヴ
☞ 破裂音 [t] の脱落

⑪ **include publication** インクルード・パブリケイシャン ▶ インクルー_パブリケイシャン
☞ 破裂音 [d] の脱落

⑫ **lack of** ラック・アヴ ▶ ラッカ_
☞ lack の [k] に of が連結。[v] 音の脱落

🔊 ニューズ・リスニング (5回目)

Job Placement Varies Among Universities

「就職の大学間格差」

Stage 01 … 穴埋めニュース・リスニング

音声変化に注意してCDでニュースを聴きながら、空欄部分を埋めてみよう。

ニュース音声収録

The rates of employment after ① _____ vary widely between ② _____ of similar sizes. The ③ _____ _____ graduates who are working or furthering their studies one year after graduation varies ④ _____ _____ full ⑤ _____ ⑥ _____ _____ University of Bossingham to ⑦ _____ at the London University. A school's reputation is ⑧ _____ _____ factor. Nevertheless, English mainstays Oxford and Cambridge are noticeably ⑨ _____ from the UK's ⑩ _____ _____ universities for jobs. It is unclear whether this is because a degree from either of those universities is not enough to ⑪ _____ _____ job, or because their graduates do not ⑫ _____ _____ take the ⑬ _____ _____ positions graduates of other universities take. The rate ⑭ _____ _____ university graduates find work after leaving school ⑮ _____ _____ to cause debate about tuition fees. Can schools justify charging £10,000 per year in tuition if ⑯ _____ _____ no job guarantee at the end of their studies?

◀)) ニュース・リスニング（1回目）

Stage 02 … ニュース・ボキャビル

ニュースのボキャブラリーを CD で確認しよう。そのあとでもう一度、ニュースのリスニングにチャレンジ。Stage 01 でできなかったところをもう一度聴き取って、穴埋めを完成させよう。

英日 音声収録

CD 3-17

①	rate of ...	…の率
②	employment	雇用
③	vary	範囲などが多様に及ぶ
④	similar	似た；類似した
⑤	size	規模
⑥	proportion	割合；比率
⑦	further	さらに続ける；進める
⑧	graduation	卒業
⑨	reputation	評判
⑩	factor	要素；要因
⑪	nevertheless	それにもかかわらず
⑫	mainstay	大黒柱；主要なもの
⑬	noticeably	目立って；顕著に
⑭	absent	不在の；欠けている
⑮	unclear	定かでない
⑯	degree	学位
⑰	cause	生じさせる
⑱	debate	論争
⑲	justify	正当化する
⑳	charge	請求する

◀)) ニューズ・リスニング（2 回目）

Stage 03 … 日本語トランスレーション

🎧 **ニュース原稿の日本語を確認してみよう！ その上で、ニュースを聴きながら、まだできていない部分の穴埋めに再チャレンジしよう。**

同規模の大学間で、卒業後の就職率は大きく異なっています。卒業後1年の時点で仕事をしている、あるいは勉学を続けている学生の割合は、ボッシンガム大学の100％からロンドン大学の78％とさまざまですが、大学の評判はその重要な要因です。にもかかわらず、英国大学の大黒柱であるオックスフォードとケンブリッジが、英国のもっとも就職率の高い大学トップ20に入っていないことは特筆に値します。この2大学の学位でも、職にありつくのに十分ではないのか、あるいはこの2大学の卒業生が、他大卒業生が得ている種類の地位を必要としないのかは定かではありません。各大学の卒業生の卒業後の就職率が、学費に関する論争を生むことは必至です。学業を終えても就職が保証されていないのだとしたら、年間1万ポンドもの学費を学校はどのように正当化するのでしょうか？

🔊 ニューズ・リスニング（3回目）

Stage 04 … 英文トランスクリプション

🎧 **ニュース原稿を確認してみよう！ 穴埋め部分の正解をチェックして、英文を理解し直そう。そのあとで、もう一度ニュースを聴いてみよう。**

The rates of employment after ① graduating vary widely between ② universities of similar sizes. The ③ proportion of graduates who are working or furthering their studies one year after graduation varies ④ from a full ⑤ 100% ⑥ at the University of Bossingham to ⑦ 78% at the London University. A school's reputation is ⑧ an important factor. Nevertheless, English mainstays Oxford and Cambridge are noticeably ⑨ absent from the UK's ⑩ top 20 universities for jobs. It is unclear whether this is because a degree from either of those universities is not enough to ⑪ land a job, or because their graduates do not ⑫ need to take the ⑬ type of positions graduates of other universities take. The rate ⑭ at which university graduates find work after leaving school ⑮ is sure to cause debate about tuition fees. Can schools justify charging £10,000 per year in tuition if ⑯ there is no job guarantee at the end of their studies?

🔊 ニューズ・リスニング（4回目）

Stage 05 ··· 音声変化をチェック

まとめとして、穴埋め部分の音声変化の特徴をスロースピードとナチュラルスピードで確認しよう。下記に示したカタカナ表記で音声変化を確認して、もう一度ニュースを聴き直してみよう。発音変化のルールは適宜復習しよう。

2種類の音声を収録

CD 3-18

① **graduating** グラデュエイティング ▶ グラデュエイディ[リ]ン＿
☞ 破裂音 [t] の弾音化。末尾の [g] 音の脱落

② **universities** ユーナヴァーサティーズ ▶ ユーナヴァーサディ[リ]ーズ
☞ 破裂音 [t] の弾音化

③ **proportion of** プラポーシャン・アヴ ▶ プラポーシャナヴ
☞ proportion の [n] 音に of が連結

④ **from a** フラム・ア ▶ フラマ
☞ from の [m] に a が連結

⑤ **100%** ワンハンドラッド・パーセント ▶ ワンハンドラッ＿パーセン＿
☞ 破裂音 [d] と [t] の脱落

⑥ **at the** アット・ザ ▶ アッ＿ザ
☞ 破裂音 [t] の脱落

⑦ **78%** セヴンティーエイト・パーセント ▶ セヴンニーエイ＿パーセン＿
☞ seventy の [t] 音の脱落。eight と percent の [t] 音の脱落

⑧ **an important** アン・インポータント ▶ アニンポーダ[ラ]ン＿
☞ 2語が連結。破裂音 [t] の弾音化。末尾の [t] の脱落

⑨ **absent** アブサント ▶ ア＿サン＿
☞ 破裂音 [b] の脱落。[f] に近く発音されることもある。末尾の [t] も脱落することがある

⑩ **top 20** タップ・トゥエンティー ▶ タッ＿トゥエニー
☞ 破裂音 [p] の脱落。-nty から [t] が脱落

⑪ **land a** ランド・ア ▶ ランダ
☞ land の [d] 音に a が連結

⑫ **need to** ニード・トゥー ▶ ニードゥ[ル]ー
☞ 連結部で [d] の脱落と [t] の弾音化

⑬ **type of** タイプ・アヴ ▶ タイパヴ
☞ type の [p] 音に of が連結

⑭ **at which** アット・ウィッチ ▶ アッ＿ウィッチ
☞ 破裂音 [t] の脱落

⑮ **is sure** イズ・シュアー ▶ イ＿シュアー
☞ 似ている音の重なりで [z] の音が脱落

⑯ **there is** ゼア・イズ ▶ ゼアリズ
☞ 短縮形 there's の発音

🔊 ニュース・リスニング（5回目）

Stanford Named Top B-School
「スタンフォードがトップ・ビジネススクールに」

Stage 01 … 穴埋めニュース・リスニング

音声変化に注意してCDでニュースを聴きながら、空欄部分を埋めてみよう。

ニュース音声収録

Stanford University moved ahead of Harvard ① _____ _____ to claim the top spot in Business Today's 2011 rankings of ② _____ _____ Schools. Stanford and Harvard were tied for the lead spot for the ③ _____ _____ years. But Stanford was able to establish its sole ownership ④ _____ _____ . Harvard's ⑤ _____ score ⑥ _____ _____ 98 from the 100 that had formerly been commonplace for the school. The change ⑦ _____ _____ top is not the only change ⑧ _____ _____ in the world of business schools. M.B.A. programs across the country are being ⑨ _____ _____ alter their approach to management ⑩ _____ . This is due to the increasingly global nature of the business world. The University of Pennsylvania, which has the third-ranked ⑪ _____ program ⑫ _____ _____ ⑬ _____ _____ tied for third overall with Yale, has changed its curriculum in order to ⑭ _____ prepare students for ⑮ _____ business.

◀)) ニュース・リスニング（1回目）

Stage 02 ··· ニュース・ボキャビル

🎧 ニュースのボキャブラリーを CD で確認しよう。そのあとでもう一度、ニュースのリスニングにチャレンジ。Stage 01 でできなかったところをもう一度聴き取って、穴埋めを完成させよう。

英日 音声収録

CD 3-20

① move ahead of ...	…より前へ出る；追い越す
② top spot	トップの座
③ be tied	（同位・同点などで）並ぶ
④ lead spot	首位の座
⑤ establish	確立する；打ち立てる
⑥ ownership	所有権
⑦ total score	総合点
⑧ slip	低下する
⑨ commonplace	ごくふつうの
⑩ take place	起こる
⑪ be forced to ...	…を強いられる
⑫ alter	変更する；改める
⑬ management	経営
⑭ instruction	教育
⑮ due to ...	…のため
⑯ increasingly	ますます
⑰ global nature	国際的な性質
⑱ third-ranked	第三位にランクづけされた
⑲ curricula/curriculum	カリキュラム
⑳ prepare	準備させる
㉑ international business	国際ビジネス

🔊 ニュース・リスニング（2 回目）

Stage 03 … 日本語トランスレーション

🎧 ニュース原稿の日本語を確認してみよう！ その上で、ニュースを聴きながら、まだできていない部分の穴埋めに再チャレンジしよう。

ビジネス・トゥデイの 2011 年版ベスト・ビジネス・スクール・ランキングで、スタンフォード大学がハーバード・ビジネス・スクールを追い越し、首位の座を獲得しました。スタンフォードとハーバードは、過去 2 年間、首位の座を分け合ってきました。しかし、今年は単独での首位の座を確立することができました。ハーバードのトータル・スコアが、これまでふつうであった 100 から 98 へと低下したからです。首位の変化だけが、ビジネス・スクールの世界で起こっているわけではありません。国中の MBA プログラムが、経営学教育へのアプローチ法を変更することを強いられているのです。これは、ビジネスの世界がますます国際化していることに起因しています。ペンシルベニア大学には今年度、第三位の国際プログラムがあり、総合ランキングではイエール大学と第三位の座を分け合っています。ペンシルベニア大は、学生たちに国際ビジネスへの準備をさらにしっかり整えさせるようにするために、カリキュラムを改訂したのです。

🔊 ニュース・リスニング（3 回目）

Stage 04 … 英文トランスクリプション

🎧 ニュース原稿を確認してみよう！ 穴埋め部分の正解をチェックして、英文を理解し直そう。そのあとで、もう一度ニュースを聴いてみよう。

Stanford University moved ahead of Harvard ① Business School to claim the top spot in Business Today's 2011 rankings of ② Best Business Schools. Stanford and Harvard were tied for the lead spot for the ③ past two years. But Stanford was able to establish its sole ownership ④ this year. Harvard's ⑤ total score ⑥ slipped to 98 from the 100 that had formerly been commonplace for the school. The change ⑦ at the top is not the only change ⑧ taking place in the world of business schools. M.B.A. programs across the country are being ⑨ forced to alter their approach to management ⑩ instruction. This is due to the increasingly global nature of the business world. The University of Pennsylvania, which has the third-ranked ⑪ international program ⑫ this year ⑬ and is tied for third overall with Yale, has changed its curriculum in order to ⑭ better prepare students for ⑮ international business.

🔊 ニュース・リスニング（4 回目）

Stage 05・・・音声変化をチェック

まとめとして、穴埋め部分の音声変化の特徴をスロースピードとナチュラルスピードで確認しよう。下記に示したカタカナ表記で音声変化を確認して、もう一度ニュースを聴き直してみよう。発音変化のルールは適宜復習しよう。

2種類の音声を収録

CD 3-21

① **Business School** ビズニス・スクール ▶ ビズニ＿スクール
☞ 重なっている [s] 音の脱落

② **Best Business** ベスト・ビズニス ▶ ベス＿ビズニス
☞ 破裂音 [t] の脱落

③ **past two** パスト・トゥー ▶ パス＿トゥー
☞ 破裂音 [t] の脱落

④ **this year** ズィス・イヤー ▶ ズィシャー
☞ [s] と [j] が同化

⑤ **total** トウトゥル ▶ トウドゥ [ル] ル
☞ 破裂音 [t] の弾音化

⑥ **slipped to** スリップト・トゥー ▶ スリップ＿トゥー
☞ 破裂音 [t] の脱落

⑦ **at the** アット・ザ ▶ アッ＿ザ
☞ 破裂音 [t] の脱落

⑧ **taking place** テイキング・プレイス ▶ テイキン＿プレイス
☞ 破裂音 [g] の脱落

⑨ **forced to** フォースト・トゥー ▶ フォース＿トゥー
☞ 破裂音 [t] の脱落

⑩ **instruction** インストゥラクシャン ▶ インスチュラクシャン
☞ [str] の音が [stʃr] に変化

⑪ **international** インターナショヌル ▶ イナーナショヌル
☞ 破裂音 [t] の脱落

⑫ **this year** ズィス・イヤー ▶ ズィシャー
☞ [s] と [j] が同化

⑬ **and is** アンド・イズ ▶ アニズ
☞ and の破裂音 [d] が脱落し、2 語が連結

⑭ **better** ベター ▶ ベダ [ラ] ー
☞ 破裂音 [t] の弾音化

⑮ **international** インターナショヌル ▶ イナーナショヌル
☞ 破裂音 [t] の脱落

🔊 ニューズ・リスニング（5 回目）

Sarah Heads For U.S. Coast
「サラ、アメリカ沿岸部へ針路」

Stage 01 … 穴埋めニュース・リスニング

音声変化に注意してCDでニュースを聴きながら、空欄部分を埋めてみよう。

ニュース音声収録

① _____ _____ uncertainty in New England as Hurricane Sarah speeds ② _____ _____ Bahamas and moves closer to the US coast. "③ _____ , Sarah has sustained winds at ④ _____ miles per hour and is a Category 1 storm," Benjamin Oldbanks, forecast officer for the National Weather Service in Boston, said ⑤ _____ . "We expect ⑥ _____ _____ storm will approach the Bahamas ⑦ _____ _____ head for the Virginia coast." After Sarah reaches Virginia, forecasters are ⑧ _____ of the storm's course, ⑨ _____ _____ Oldbanks. "It ⑩ _____ _____ off the shore of Virginia on Saturday. ⑪ _____ _____ _____ on shore, or ⑫ _____ _____ _____ out to sea — we'll have to ⑬ _____ _____ see," he said. The waters along the South Shore in Massachusetts are ⑭ _____ _____ rise as early as Friday, Oldbanks said. People should stay away from the coastline, he cautioned.

◀)) ニュース・リスニング（1回目）

Stage 02 … ニュース・ボキャビル

ニュースのボキャブラリーを CD で確認しよう。そのあとでもう一度、ニュースのリスニングにチャレンジ。Stage 01 でできなかったところをもう一度聴き取って、穴埋めを完成させよう。

英日 音声収録

CD 3-23

① uncertainty	不確実性；はっきりしない状態
② hurricane	ハリケーン
③ speed	速く動く；疾走する
④ move closer to ...	…に近づいてくる
⑤ coast	沿岸
⑥ sustain	維持する
⑦ per hour	1 時間につき
⑧ category 1	第一級の（サイズの）
⑨ storm	嵐；暴風雨
⑩ forecast officer	予報官
⑪ National Weather Service	国立気象課
⑫ expect	予期する；予想する
⑬ storm	雷雨（ここではハリケーンのこと）
⑭ approach	接近する
⑮ course	進路；軌道
⑯ off the shore	海岸から離れて
⑰ have to wait and see	待ってみなければどうなるかわからない
⑱ rise	上昇する
⑲ coastline	海岸線
⑳ caution	警告する

◀)) ニュース・リスニング（2 回目）

stage 03 … 日本語トランスレーション

🎧 ニュース原稿の日本語を確認してみよう！ その上で、ニュースを聴きながら、まだできていない部分の穴埋めに再チャレンジしよう。

ハリケーン・サラがものすごいスピードでバハマ諸島に向かって進み、アメリカの海岸線に近づいていますが、ニュー・イングランドの天候には不確実性が伴います。「現在、サラは時速90マイルの風速を維持しており、カテゴリー1のハリケーンとなっています。ハリケーンは、バハマ諸島に接近し、その後バージニアの沿岸へ向かうと予測されています」と、ボストンの国立気象課のベンジャミン・オールドバンク予報官は昨日語りました。オールドバンク氏によると、サラがバージニアに到達したあとは、このハリケーンの進路については予報官にもはっきりわかっていません。「ハリケーンは土曜日、バージニア沖合に進みます。サラは上陸することもあるし、離れていくこともあるかもしれません。待ってみるしか方法はないのです」と予報官は語りました。マサチューセッツ南岸の海面は早ければ金曜日には上昇することが予想されているとオールドバンク氏は言います。海岸線には近づかないようにと、彼は警告しています。

🔊 ニューズ・リスニング（3回目）

stage 04 … 英文トランスクリプション

🎧 ニュース原稿を確認してみよう！ 穴埋め部分の正解をチェックして、英文を理解し直そう。そのあとで、もう一度ニュースを聴いてみよう。

① There is uncertainty in New England as Hurricane Sarah speeds ② toward the Bahamas and moves closer to the US coast. "③ Currently, Sarah has sustained winds at ④ 90 miles per hour and is a Category 1 storm," Benjamin Oldbanks, forecast officer for the National Weather Service in Boston, said ⑤ yesterday. "We expect ⑥ that the storm will approach the Bahamas ⑦ and then head for the Virginia coast." After Sarah reaches Virginia, forecasters are ⑧ uncertain of the storm's course, ⑨ according to Oldbanks. "It ⑩ will be off the shore of Virginia on Saturday. ⑪ It could go on shore, or ⑫ it could go out to sea — we'll have to ⑬ wait and see," he said. The waters along the South Shore in Massachusetts are ⑭ expected to rise as early as Friday, Oldbanks said. People should stay away from the coastline, he cautioned.

🔊 ニューズ・リスニング（4回目）

Stage 05 … 音声変化をチェック

まとめとして、穴埋め部分の音声変化の特徴をスロースピードとナチュラルスピードで確認しよう。下記に示したカタカナ表記で音声変化を確認して、もう一度ニュースを聴き直してみよう。発音変化のルールは適宜復習しよう。

2種類の音声を収録

CD 3-24

① **There is**   ゼア・イズ   ▶   ゼアリズ
 ☞ 短縮形 there's の発音

② **toward the**   トゥオード・ザ   ▶   トゥオー__ザ
 ☞ 破裂音 [d] の脱落

③ **Currently**   カレントリー   ▶   カレン__リー
 ☞ 破裂音 [t] の脱落

④ **90**   ナインティー   ▶   ナイニー
 ☞ 破裂音 [t] の脱落

⑤ **yesterday**   イエスタァデイ   ▶   イエスチャデイ
 ☞ [t(ə)r] が [tʃ(ə)r] に変化

⑥ **that the**   ザット・ザ   ▶   ザッ__ザ
 ☞ 破裂音 [t] の脱落

⑦ **and then**   アンド・ゼン   ▶   アネン
 ☞ and の [d] 音の脱落。連結部で [n] + [ð] の音が同化

⑧ **uncertain**   アンサートゥン   ▶   アンサーんン
 ☞ 破裂音 [t] の声門閉鎖音化

⑨ **according to**   アコーディング・トゥー   ▶   アコーディ[リ]ン__トゥー
 ☞ 破裂音 [g] の脱落。[d] 音は弾音化する場合もある

⑩ **will be**   ウィル・ビー   ▶   ウィ__ビ
 ☞ [l] 音の脱落。be は「ビ」

⑪ **It could go**   イット・クッド・ゴウ   ▶   イッ__クッ__ゴウ
 ☞ 破裂音 [t] と [d] の脱落

⑫ **it could go**   イット・クッド・ゴウ   ▶   イッ__クッ__ゴウ
 ☞ 破裂音 [t] と [d] の脱落

⑬ **wait and**   ウェイト・アンド   ▶   ウェイダ [ラ] ン__
 ☞ 連結部で [t] 音の弾音化。末尾の [d] の脱落

⑭ **expected to**   エクスペクティッド・トゥー   ▶   エクスペクティッ__トゥー
 ☞ 破裂音 [d] の脱落

🔊 ニューズ・リスニング（5回目）

43

Town Devastated by Killer Tornado
「町が殺人竜巻で壊滅」

stage 01 … 穴埋めニュース・リスニング

音声変化に注意してCDでニュースを聴きながら、空欄部分を埋めてみよう。

ニュース音声収録　CD 3-25

Ontario Premier Dalton Makenzie toured damage-stricken ① _____ on Monday and promised $5 million ② _____ _____ . Residents began cleaning up the wreckage that was left by the strongest tornado to hit the region ③ _____ _____ . With winds reaching ④ _____ kilometres ⑤ _____ _____ , the storm devastated the town's business ⑥ _____ Sunday afternoon, ⑦ _____ buildings and uprooting trees. The Ontario Provincial Police said one man, Norman Pawlenty, 67, of Woodtown, died in the disaster. He was a worker ⑧ _____ _____ Breckeridge salt mine near Tipper's Point harbour on Lake Huron. ⑨ _____ -seven people were ⑩ _____ injured. Makenzie said he had never seen such massive damage ⑪ _____ _____ 21 years as a public servant. "We will do everything possible to help you recover," he said ⑫ _____ _____ news conference. Specialized rescue teams began scouring the town of 8,000 people on Monday. However officials ⑬ _____ _____ anybody ⑭ _____ _____ left undiscovered.

🔊 ニュース・リスニング（1回目）

Stage 02 ··· ニューズ・ボキャビル

ニューズのボキャブラリーを CD で確認しよう。そのあとでもう一度、ニューズのリスニングにチャレンジ。Stage 01 でできなかったところをもう一度聴き取って、穴埋めを完成させよう。

英日 音声収録

CD 3-26

① tour	視察する
② damage-stricken	ダメージに打ちのめされた
③ aid	援助金；義援金
④ clean up	清掃する；片づける
⑤ wreckage	瓦礫；残骸
⑥ tornado	竜巻
⑦ in years	長年で
⑧ reach	達する
⑨ devastate	壊滅させる；荒廃させる
⑩ business center	商業の中心地
⑪ destroy	破壊する
⑫ uproot	根こそぎにする
⑬ provincial	州の
⑭ disaster	災害；惨事
⑮ harbor/harbour	港
⑯ report ...	…であると報告する
⑰ massive damage	重度の被害
⑱ recover	回復する；再生する
⑲ news conference	記者会見
⑳ scour	徹底的に探す
㉑ left undiscovered	発見されずに残されて

◀)) ニューズ・リスニング（2 回目）

町が殺人竜巻で壊滅 ··· 179

stage 03 ··· 日本語トランスレーション

🎧 ニュース原稿の日本語を確認してみよう！ その上で、ニュースを聴きながら、まだできていない部分の穴埋めに再チャレンジしよう。

月曜日、オンタリオ州知事のダルトン・マッケンジー氏は、被害に打ちのめされたウッドタウンを視察し、500万ドルの補助金を約束しました。住民たちは、久しぶりに地域を襲った強烈な竜巻によって残された瓦礫の回収を始めています。竜巻は日曜の午後、時速280キロに達する風を伴って、街のビジネス街を壊滅させました。ビルを破壊し、木々を根こそぎにしたのです。オンタリオ州警察は、ウッドタウンのノーマン・パウレンティーという67歳の男性がこの災害で死亡したと述べました。彼はヒューロン湖のティッパーズ岬付近にあるブレッカーリッジの岩塩坑の労働者でした。37人の負傷が報告されています。マッケンジー氏は、21年の公務の中でこれほど大規模な被害は目にしたことがないと語りました。彼は「われわれはみなさんの回復にできることはすべて行います」と記者会見で語りました。月曜日、専門救助チームが、人口8千人の町の徹底的な探査を始めました。しかしながら、当局は、発見されずに取り残されている人がいるとは考えていません。

🔊 ニュース・リスニング（3回目）

stage 04 ··· 英文トランスクリプション

🎧 ニュース原稿を確認してみよう！ 穴埋め部分の正解をチェックして、英文を理解し直そう。そのあとで、もう一度ニュースを聴いてみよう。

Ontario Premier Dalton Makenzie toured damage-stricken ① Woodtown on Monday and promised $5 million ② in aid. Residents began cleaning up the wreckage that was left by the strongest tornado to hit the region ③ in years. With winds reaching ④ 280 kilometres ⑤ an hour, the storm devastated the town's business ⑥ center Sunday afternoon, ⑦ destroying buildings and uprooting trees. The Ontario Provincial Police said one man, Norman Pawlenty, 67, of Woodtown, died in the disaster. He was a worker ⑧ at the Breckeridge salt mine near Tipper's Point harbour on Lake Huron. ⑨ Thirty-seven people were ⑩ reported injured. Makenzie said he had never seen such massive damage ⑪ in his 21 years as a public servant. "We will do everything possible to help you recover," he said ⑫ at a news conference. Specialized rescue teams began scouring the town of 8,000 people on Monday. However officials ⑬ don't believe anybody ⑭ has been left undiscovered.

🔊 ニュース・リスニング（4回目）

Stage 05 ... 音声変化をチェック

まとめとして、穴埋め部分の音声変化の特徴をスロースピードとナチュラルスピードで確認しよう。下記に示したカタカナ表記で音声変化を確認して、もう一度ニュースを聴き直してみよう。発音変化のルールは適宜復習しよう。

2種類の音声を収録

CD 3-27

① **Woodtown** ウッドタウン ▶ ウッ_タウン
☞ 破裂音 [d] の脱落

② **in aid** イン・エイド ▶ イネイド
☞ in の [n] 音に aid が連結

③ **in years** イン・イヤーズ ▶ イニャーズ
☞ in の [n] 音に years が連結

④ **280** トゥーハンドレッド・エイティー
▶ トゥーハンドレッドエイディ [リ] ー
☞ eighty の [t] の弾音化

⑥ **an hour** アン・アウァ ▶ アナウァー
☞ an の [n] に hour が連結

⑦ **center** センター ▶ セナー
☞ 破裂音 [t] の脱落

⑧ **destroying** デストゥロイイング ▶ デスチュロイイング
☞ [str] の音が [stʃr] に変化

⑨ **at the** アット・ザ ▶ アッ_ザ
☞ 破裂音 [t] の脱落

⑩ **Thirty** サーティー ▶ サーディ [リ] ー
☞ 破裂音 [t] の弾音化

⑪ **reported** リポーティッド ▶ リポーディ [リ] ッド
☞ 破裂音 [t] の弾音化

⑫ **in his** イン・ヒズ ▶ イニズ
☞ in の [n] 音に弱化した his [イズ] が連結

⑬ **at a** アット・ア ▶ アッダ [ラ]
☞ 連結部の破裂の [t] の弾音化

⑭ **don't believe** ドウント・ビリーヴ ▶ ドウン_ビリーヴ
☞ 破裂音 [t] の脱落。don't は [ドウ] のように発音されることもある

⑮ **has been** ハズ・ビン ▶ アズビン
☞ has は弱化して [əz] と発音

🔊 ニュース・リスニング（5回目）

Temperatures to Soar on Weekend
「週末は気温が一気に上昇」

Stage 01 ・・・ 穴埋め ニュース・リスニング

音声変化に注意して CD でニュースを聴きながら、空欄部分を埋めてみよう。

ニュース音声収録

As temperatures appear ① _____ _____ soar to near ② _____ _____ , many people will take ③ _____ _____ the three day weekend to ④ _____ _____ to the region's many beaches and riversides. ⑤ _____ _____ the temperatures rise, so does the ⑥ _____ _____ dehydration and overexposure to the sun, especially for the very old and very young. Lifeguards ⑦ _____ _____ public beaches ⑧ _____ _____ on high alert for any signs of heatstroke. Flash flooding is another danger. This type of weather often results in ⑨ _____ thunderstorms, ⑩ _____ in mountain areas. The shallow rivers ⑪ _____ _____ popular cooling off spots can quickly be inundated, so please take all precautions. ⑫ _____ _____ fatality figure for heatstroke ⑬ _____ _____ is already near ⑭ _____ _____ level. If you ⑮ _____ _____ ⑯ _____ wet this weekend, please stay safe!

◀)) ニュース・リスニング（1回目）

Stage 02 … ニュース・ボキャビル

ニュースのボキャブラリーを CD で確認しよう。そのあとでもう一度、ニュースのリスニングにチャレンジ。Stage 01 でできなかったところをもう一度聴き取って、穴埋めを完成させよう。

英日 音声収録

CD 3-29

①	temperature	気温
②	soar	急上昇する
③	take advantage of ...	…を利用する
④	head out to ...	…に出発する
⑤	region	地域
⑥	risk	危険性；危険度
⑦	dehydration	脱水症状
⑧	overexposure	過度の露出
⑨	especially	特に
⑩	lifeguard	人命救助員；監視員
⑪	public	公営の
⑫	be on alert	警戒している
⑬	sign	表れ；兆候；兆し；サイン
⑭	heatstroke	熱射病
⑮	flash flooding	鉄砲水
⑯	result in ...	結果として…になる
⑰	shallow	浅い
⑱	inundated	水浸しになって
⑲	fatality figure	死亡者数
⑳	drowning	溺死

◀)) ニュース・リスニング（2 回目）

Stage 03 … 日本語トランスレーション

ニュース原稿の日本語を確認してみよう！ その上で、ニュースを聴きながら、まだできていない部分の穴埋めに再チャレンジしよう。

気温がいまにも記録的なレベル近くまで急上昇しそうな気配ですから、多くの人たちは３連休の週末を利用して、地域にたくさんあるビーチや川辺などを目指して出かけるでしょう。しかし、気温の上昇に伴って、脱水症や過度に日光を浴びてしまうリスクが増加します。特にお年寄りや小さな子供たちのリスクは大きくなります。すべての公営ビーチの救助監視員は熱射病のサインを見逃さないよう強く警戒することになります。鉄砲水の危険もあります。この種の天候は、特に山岳エリアでは、しばしば急な雷雨をもたらすことがあります。涼を取るのに人気の浅い川は一気に水浸しになる可能性がありますので、十分に警戒してください。今年の熱射病と水の事故による死者数はすでに昨年のレベルに近づいています。水辺での遊びを予定している方は、安全にお過ごしください。

🔊 ニューズ・リスニング（3 回目）

Stage 04 … 英文トランスクリプション

ニュース原稿を確認してみよう！ 穴埋め部分の正解をチェックして、英文を理解し直そう。そのあとで、もう一度ニュースを聴いてみよう。

As temperatures appear ① ready to soar to near ② record levels, many people will take ③ advantage of the three day weekend to ④ head out to the region's many beaches and riversides. ⑤ But as the temperatures rise, so does the ⑥ risk of dehydration and overexposure to the sun, especially for the very old and very young. Lifeguards ⑦ on all public beaches ⑧ will be on high alert for any signs of heatstroke. Flash flooding is another danger. This type of weather often results in ⑨ sudden thunderstorms, ⑩ especially in mountain areas. The shallow rivers ⑪ that are popular cooling off spots can quickly be inundated, so please take all precautions. ⑫ This year's fatality figure for heatstroke ⑬ and drowning is already near ⑭ last year's level. If you ⑮ want to ⑯ get wet this weekend, please stay safe!

🔊 ニューズ・リスニング（4 回目）

Stage 05 … 音声変化をチェック

まとめとして、穴埋め部分の音声変化の特徴をスロースピードとナチュラルスピードで確認しよう。下記に示したカタカナ表記で音声変化を確認して、もう一度ニュースを聴き直してみよう。発音変化のルールは適宜復習しよう。

2種類の音声を収録

CD 3-30

① **ready to** レディー・トゥー ▶ レディードゥ [ル] ー
☞ 破裂音 [t] の弾音化

② **record levels** リコード・レベルズ ▶ リコー＿レベルズ
☞ 破裂音 [d] の脱落

③ **advantage of** アドゥヴァンティッジ・アヴ ▶ アドゥヴァンティッジャヴ
☞ advantage の [dʒ] 音に of が連結

④ **head out** ヘッド・アウト ▶ ヘッダ [ラ] ウト
☞ 連結部で破裂音 [d] の弾音化

⑤ **But as** バット・アズ ▶ バッダ [ラ] ズ
☞ 連結部で破裂音 [t] の弾音化

⑥ **risk of** リスク・アヴ ▶ リスカヴ
☞ risk の [k] 音に of が連結

⑦ **on all** オン・オール ▶ オノール
☞ on の [n] 音に all が連結

⑧ **will be** ウィル・ビー ▶ ウィ＿ビ
☞ [l] 音の脱落。be は「ビ」

⑨ **sudden** サドゥン ▶ さンン
☞ 破裂音 [d] の声門閉鎖音化

⑩ **especially** イスペシャリー ▶ ＿スペシャリー
☞ 頭の [ɪ] 音の脱落

⑪ **that are** ザット・アー ▶ ザッダ [ラ] ー
☞ 連結部で破裂音 [t] の弾音化

⑫ **This year's** ズィス・イヤーズ ▶ ズィシャーズ
☞ [s] と [j] が同化

⑬ **and drowning** アンド・ドラウニング ▶ アン＿ドラウニン＿
☞ 破裂音 [d] と [g] の脱落

⑭ **last year's** ラスト・イヤーズ ▶ ラスチャーズ
☞ [t] と [j] の音が同化

⑮ **want to** ワント・トゥー ▶ ワナ
☞ 破裂音 [t] の脱落。さらに to の頭の [t] 音も脱落

⑯ **get** ゲット ▶ ゲッ＿
☞ 末尾の破裂音 [t] の脱落

◀)) ニュース・リスニング（5回目）

Depressed? Have Some Chocolate!

「憂鬱な気分にはチョコレートを！」

Stage 01 … 穴埋めニュース・リスニング

音声変化に注意してCDでニュースを聴きながら、空欄部分を埋めてみよう。

ニュース音声収録

Romantic comedies often depict lovelorn heroines ① _____ _____ pain away ② _____ _____ box of chocolates, ③ _____ _____ there ④ _____ some scientific evidence to support the notion that chocolate can ease the blues? There ⑤ _____ _____ . A recent study by the Berkeley, California, Bates Institute shows that cacao may ⑥ _____ induce serotonin production in the brain. Serotonin is the brain chemical ⑦ _____ with good moods, as well as feelings of contentment. ⑧ _____ _____ study's leader, Jennifer Wilkins, says that very sweet chocolate may ⑨ _____ increase bad feelings. "Too much sugar leads to the 'sugar blues,' where moods go ⑩ _____ _____ then ⑪ _____ plunge down again," she says. She ⑫ _____ drinking chocolate like coffee, as ⑬ _____ as possible. And maybe adding ⑭ _____ _____ cinnamon. The Institute is also researching the possibility that it, too, ⑮ _____ _____ a similar effect on the brain.

◀)) ニュース・リスニング（1回目）

Stage 02 … ニューズ・ボキャビル

ニューズのボキャブラリーを CD で確認しよう。そのあとでもう一度、ニューズのリスニングにチャレンジ。Stage 01 でできなかったところをもう一度聴き取って、穴埋めを完成させよう。

英日 音声収録

CD 3-32

①	romantic comedy	恋愛コメディー
②	depict	描く
③	lovelorn	失恋した
④	munch	むしゃむしゃ食べる
⑤	pain	痛み；苦痛
⑥	evidence	証拠；根拠
⑦	notion	考え；通念
⑧	ease	和らげる
⑨	blues	憂鬱
⑩	recent	最近の
⑪	study	研究
⑫	induce	誘導する；引き起こす
⑬	serotonin	セロトニン
⑭	chemical	化学物質
⑮	associated with ...	…に関連する
⑯	good mood	いい気分
⑰	contentment	満足
⑱	plunge down	急に落ち込む
⑲	suggest	推薦する
⑳	possibility	可能性

🔊 ニューズ・リスニング（2 回目）

stage 03···日本語トランスレーション

🎧 ニュース原稿の日本語を確認してみよう！ その上で、ニュースを聴きながら、まだできていない部分の穴埋めに再チャレンジしよう。

恋愛コメディーでは、失恋したヒロインがチョコレートを箱からむしゃむしゃ食べながら苦しみを忘れようとする姿がよく描かれます。しかし、チョコレートが憂鬱を和らげてくれるという考えをサポートしてくれる、いくらか科学的な証拠がやっと見つかったのでしょうか？ そうかもしれません。カリフォルニア州バークレー校のベーツ研究所の最近の研究によると、カカオは実際に脳内のセラトニンの生成を促すかもしれないということなのです。セラトニンは、いい気分あるいは満足感と結びついている脳内物質です。しかし、研究のリーダーであるジェニファー・ウィルキンスは非常に甘いチョコレートはいやな気分を増すかもしれないと言います。「砂糖を取りすぎると『シュガーブルー』になるのです。シュガーブルーになると、気分が高揚してその後再び急に落ち込むことになります」と彼女は言います。彼女はチョコレートをコーヒーのように、できるだけ苦くして飲むことを勧めています。そして、少々のシナモンを加えてもいいでしょう。同研究所では、シナモンが脳に同様の効果を与える可能性についても研究中です。

🔊 ニュース・リスニング（3回目）

stage 04···英文トランスクリプション

🎧 ニュース原稿を確認してみよう！ 穴埋め部分の正解をチェックして、英文を理解し直そう。そのあとで、もう一度ニュースを聴いてみよう。

Romantic comedies often depict lovelorn heroines ① munching their pain away ② on a box of chocolates, ③ but is there ④ finally some scientific evidence to support the notion that chocolate can ease the blues? There ⑤ might be. A recent study by the Berkeley, California, Bates Institute shows that cacao may ⑥ actually induce serotonin production in the brain. Serotonin is the brain chemical ⑦ associated with good moods, as well as feelings of contentment. ⑧ But the study's leader, Jennifer Wilkins, says that very sweet chocolate may ⑨ actually increase bad feelings. "Too much sugar leads to the 'sugar blues,' where moods go ⑩ up and then ⑪ suddenly plunge down again," she says. She ⑫ suggests drinking chocolate like coffee, as ⑬ bitter as possible. And maybe adding ⑭ a little cinnamon. The Institute is also researching the possibility that it, too, ⑮ might have a similar effect on the brain.

🔊 ニュース・リスニング（4回目）

Stage 05 ･･･ 音声変化をチェック

まとめとして、穴埋め部分の音声変化の特徴をスロースピードとナチュラルスピードで確認しよう。下記に示したカタカナ表記で音声変化を確認して、もう一度ニュースを聴き直してみよう。発音変化のルールは適宜復習しよう。

2種類の音声を収録

CD 3-33

① **munching their**　　マンチング・ゼア　　▶　マンチンネア
☞ 破裂音 [g] の脱落。munching 末尾の [n] と their の [ð] 音が同化する場合もある

② **on a**　　オン・ア　　▶　オナ
☞ on の [n] 音に a が連結

③ **but is**　　バット・イズ　　▶　バッディ [リ] ズ
☞ 連結部で破裂音 [t] の弾音化

④ **finally**　　ファイナリー　　▶　ファインリー
☞ 曖昧な母音 [ə] の脱落

⑤ **might be**　　マイト・ビ　　▶　マイ_ビ
☞ 破裂音 [t] の脱落

⑥ **actually**　　アクチュアリー　　▶　アクシュアリー
☞ [ktʃu] から [t] 音の脱落

⑦ **associated**　　アソウシェイティッド　　▶　アソウシェイディ [リ] ッド
☞ 破裂音 [t] の弾音化

⑧ **But the**　　バット・ザ　　▶　バッ_ザ
☞ 破裂音 [t] の脱落

⑨ **actually**　　アクチュアリー　　▶　アクシュアリー
☞ [ktʃu] から [t] 音の脱落

⑩ **up and**　　アップ・アンド　　▶　アッパン_
☞ up の [p] 音に and が連結。末尾の破裂音 [d] の脱落

⑪ **suddenly**　　サドゥンリー　　▶　さんンリー
☞ 破裂音 [d] の声門閉鎖音化

⑫ **suggests**　　サグジェスツ　　▶　サ_ジェスツ
☞ 破裂音 [g] の脱落

⑬ **bitter**　　ビター　　▶　ビダ [ラ] ー
☞ 破裂音 [t] の弾音化

⑭ **a little**　　ア・リトゥル　　▶　アリドゥ [ル] ル
☞ 破裂音 [t] の弾音化

⑮ **might have**　　マイト・ハヴ　　▶　マイダ [ラ] ヴ
☞ might の [t] に弱化した have が連結。連結部で弾音化

◀)) ニューズ・リスニング（5 回目）

46 Cure for Cancer Still Long Way Away
「ガン治療へのいまだに遠い道のり」

Stage 01 … 穴埋めニュース・リスニング

音声変化に注意してCDでニュースを聴きながら、空欄部分を埋めてみよう。

ニュース音声収録

Until recently, it seemed a sure thing that someone would discover a cure for cancer. Researchers believed that many years of research would finally yield success ① _____ _____ completely fresh approach. New drugs and technologies, they believed, would disrupt the mechanisms that cause cancer to ② _____ _____ ③ _____ _____ kill. However now, with many new therapies already here and more ④ _____ _____ way, the ⑤ _____ is that cancer is still killing as many people as before. The new approaches, although brilliant, have been ⑥ _____ . They have worked exceptionally well for some patients, and ⑦ _____ _____ _____ for others. The one thing ⑧ _____ _____ ⑨ _____ is that the mechanism that causes cancer to occur in the body is ⑩ _____ complex. Evidence ⑪ _____ the fight ⑫ _____ _____ will continue to be a long slog, and that for most patients, the benefit will only be ⑬ _____ weeks or a few months, ⑭ _____ _____ years.

🔊 ニュース・リスニング（1回目）

Stage 02 … ニューズ・ボキャビル

ニュースのボキャブラリーをCDで確認しよう。そのあとでもう一度、ニュースのリスニングにチャレンジ。Stage 01でできなかったところをもう一度聴き取って、穴埋めを完成させよう。

英日 音声収録

CD 3-35

① sure thing	確実なこと
② discover	発見する
③ cure	治療；治療法
④ cancer	ガン
⑤ researcher	研究者
⑥ believe	信じる
⑦ finally	最終的には
⑧ yield	生み出す
⑨ approach	方法
⑩ disrupt	崩壊させる
⑪ mechanism	メカニズム
⑫ spread	広げる
⑬ therapy	治療；療法
⑭ on the way	途上の
⑮ reality	現実
⑯ brilliant	輝かしい；立派な
⑰ disappointing	がっかりさせる
⑱ complex	複雑な
⑲ slog	つらい仕事；骨折り
⑳ patient	患者

◀)) ニューズ・リスニング（2回目）

Stage 03 … 日本語トランスレーション

ニュース原稿の日本語を確認してみよう！ その上で、ニュースを聴きながら、まだできていない部分の穴埋めに再チャレンジしよう。

最近まで、だれかがガンの治療法を発見することは確実だろうと思えていました。研究者たちは、長年にわたる研究が、ゆくゆくは完全に新しいアプローチで成功を生み出すであろうと信じていました。新しい薬やテクノロジーが、ガンを育て、拡大し、(人を)殺してしまうメカニズムを崩壊させるであろうと、彼らは信じていました。しかしながら、すでに多くの新種の治療法があり、さらに多くが開発されようとしているいまでも、ガンはいまだに以前と同じ数の人々を殺しているというのが現実なのです。さまざまな新しいアプローチは、輝かしくもあり、がっかりさせるものでもありました。ある患者には桁外れの効果があるけれども、ほかの患者にはまったく効果がないのです。ひとつ確実なことは、体内でガンを発生させるメカニズムが極度に複雑なものであるということです。ガンとの戦いが長い苦闘であり続けることを、そしてほとんどの患者にとってその効果は、数年にわたるものではなく、余分の数週間か数カ月でしかないであろうということを、科学的な証拠が暗示しています。

◀)) ニューズ・リスニング（3 回目）

Stage 04 … 英文トランスクリプション

ニュース原稿を確認してみよう！ 穴埋め部分の正解をチェックして、英文を理解し直そう。そのあとで、もう一度ニュースを聴いてみよう。

Until recently, it seemed a sure thing that someone would discover a cure for cancer. Researchers believed that many years of research would finally yield success ① with a completely fresh approach. New drugs and technologies, they believed, would disrupt the mechanisms that cause cancer to ② grow and ③ spread and kill. However now, with many new therapies already here and more ④ on the way, the ⑤ reality is that cancer is still killing as many people as before. The new approaches, although brilliant, have been ⑥ disappointing. They have worked exceptionally well for some patients, and ⑦ not at all for others. The one thing ⑧ that is ⑨ certain is that the mechanism that causes cancer to occur in the body is ⑩ extremely complex. Evidence ⑪ suggests the fight ⑫ against cancer will continue to be a long slog, and that for most patients, the benefit will only be ⑬ extra weeks or a few months, ⑭ but not years.

◀)) ニューズ・リスニング（4 回目）

Stage 05 ··· 音声変化をチェック

まとめとして、穴埋め部分の音声変化の特徴をスロースピードとナチュラルスピードで確認しよう。下記に示したカタカナ表記で音声変化を確認して、もう一度ニュースを聴き直してみよう。発音変化のルールは適宜復習しよう。

2種類の音声を収録

CD 3-36

① **with a**　　　　　　　　　　ウィズ・ア　　　▶　　ウィザ
☞ with の [ð] に a が連結

② **grow and**　　　　　　　　　グロウ・アンド　　▶　　グロウァン_
☞ and は弱化、末尾の [d] も脱落し [ən] と発音される

③ **spread and**　　　　　　　　スプレッド・アンド　▶　　スプレッダ [ラ] ン_
☞ 連結部で破裂音 [d] の弾音化。末尾の [d] の脱落

④ **on the**　　　　　　　　　　オン・ザ　　　　　▶　　オナ
☞ [n] + [ð] の音が同化

⑤ **reality**　　　　　　　　　　リアラティー　　　▶　　リアラディ [リ] ー
☞ 破裂音 [t] の弾音化

⑥ **disappointing**　　　　　　ディサポインティング　▶　　ディサポイニング
☞ 破裂音 [t] の脱落

⑦ **not at all**　　　　　　　　ナット・アット・オール　▶　　ナッダ [ラ] ッド [ロ] ール
☞ 3語が連結。2カ所の連結部で [t] の弾音化。末尾の [l] も脱落する場合がある

⑧ **that is**　　　　　　　　　ザット・イズ　　　　▶　　ザッディ [リ] ズ
☞ 連結部で破裂音 [t] の弾音化

⑨ **certain**　　　　　　　　　サートゥン　　　　　▶　　サーんン
☞ 破裂音 [t] の声門閉鎖音化

⑩ **extremely**　　　　　　　　イクストゥリームリー　▶　　イクスチュリームリー
☞ [str] の音が [stʃr] に変化

⑪ **suggests**　　　　　　　　　サグジェスツ　　　　▶　　サ_ジェスツ
☞ 破裂音 [g] の脱落

⑫ **against cancer**　　　　　アゲンスト・キャンサー　▶　　アゲンス_キャンサー
☞ 破裂音 [t] の脱落

⑬ **extra**　　　　　　　　　　エクストゥラ　　　　▶　　エクスチュラ
☞ [str] の音が [stʃr] に変化

⑭ **but not**　　　　　　　　　バット・ナット　　　▶　　バッ_ナッ_
☞ 2カ所で破裂音 [t] の脱落

🔊 ニューズ・リスニング（5回目）

World's Healthiest Countries

「世界でもっとも健康な国々」

Stage 01 ... 穴埋めニュース・リスニング

音声変化に注意してCDでニュースを聴きながら、空欄部分を埋めてみよう。

ニュース音声収録

The world's 10 healthiest ① _____ have been announced last week. They are ranked according to life expectancy ② _____ _____, levels of pollution, percentage of the population with access to fresh ③ _____ and sanitation, infant ④ _____ rates, number of physicians per 1,000 people, and undernourishment rates. So which countries belong on this most prestigious list? Japan has the number one spot, ⑤ _____ _____ top five being rounded ⑥ _____ _____ northern European countries. In order, Sweden, Iceland, Switzerland and Germany. France, ⑦ _____ , Denmark and Austria continue the European trend, in that order. Finally, the only country except Japan ⑧ _____ _____ Europe is ⑨ _____ , which claims the number ten spot. Japan's place ⑩ _____ _____ top is largely ⑪ _____ _____ the longevity of its inhabitants. The Japanese ⑫ _____ diet of fish, soy products, and seaweed is ⑬ _____ ⑭ _____ _____ be the determining factor ⑮ _____ _____ the long-lived Japanese.

◀)) ニュース・リスニング（1回目）

Stage 02 ··· ニューズ・ボキャビル

ニュースのボキャブラリーを CD で確認しよう。そのあとでもう一度、ニュースのリスニングにチャレンジ。Stage 01 でできなかったところをもう一度聴き取って、穴埋めを完成させよう。

英日 音声収録

CD 3-38

①	rank	ランクづける
②	life expectancy at birth	平均寿命
③	pollution	汚染
④	with access to ...	…へのアクセスのある
⑤	fresh	新鮮な
⑥	sanitation	下水施設；衛生施設
⑦	infant	乳幼児
⑧	mortality rate	死亡率
⑨	physician	医者；内科医
⑩	undernourishment	栄養不良
⑪	belong	属する
⑫	prestigious	威光のある；一流の
⑬	trend	潮流；トレンド；流れ；傾向
⑭	in that order	その順で
⑮	except ...	…を除いて
⑯	claim	獲得する
⑰	longevity	長寿
⑱	seaweed	海草
⑲	determining	決定する；決定的な

🔊 ニューズ・リスニング（2 回目）

Stage 03 … 日本語トランスレーション

ニュース原稿の日本語を確認してみよう！ その上で、ニュースを聴きながら、まだできていない部分の穴埋めに再チャレンジしよう。

世界でもっとも健康的な10の国々が先週発表されました。ランキングは、平均寿命、汚染のレベル、飲料水や下水道にアクセスできる国民の割合、幼児死亡率、千人あたりの医者の数、栄養不良の割合などによって、順位づけられています。では、どの国が一流国家のリストに名を連ねているのでしょう？ 日本は第一位の座にありますが、トップ5のほかの国々は北部ヨーロッパの国々に占められていて、スウェーデン、アイスランド、スイス、ドイツの順に並んでいます。フランス、イタリア、デンマーク、そしてオーストリアの順でヨーロッパの流れが続きます。最後に、日本以外のヨーロッパ諸国でない唯一の国であるオーストラリアが、10位の座を得ています。日本の首位の座には、住民の長寿が大きく貢献しています。魚や大豆製品、海草などの日本の伝統的な食事が、すべての日本人の長寿の人々の決定的な要因であると一般的には考えられています。

🔊 ニュース・リスニング（3回目）

Stage 04 … 英文トランスクリプション

ニュース原稿を確認してみよう！ 穴埋め部分の正解をチェックして、英文を理解し直そう。そのあとで、もう一度ニュースを聴いてみよう。

The world's 10 healthiest ① countries have been announced last week. They are ranked according to life expectancy ② at birth, levels of pollution, percentage of the population with access to fresh ③ water and sanitation, infant ④ mortality rates, number of physicians per 1,000 people, and undernourishment rates. So which countries belong on this most prestigious list? Japan has the number one spot, ⑤ with the top five being rounded ⑥ out by northern European countries. In order, Sweden, Iceland, Switzerland and Germany. France, ⑦ Italy, Denmark and Austria continue the European trend, in that order. Finally, the only country except Japan ⑧ not in Europe is ⑨ Australia, which claims the number ten spot. Japan's place ⑩ at the top is largely ⑪ due to the longevity of its inhabitants. The Japanese ⑫ traditional diet of fish, soy products, and seaweed is ⑬ generally ⑭ thought to be the determining factor ⑮ in all the long-lived Japanese.

🔊 ニュース・リスニング（4回目）

Stage 05 … 音声変化をチェック

まとめとして、穴埋め部分の音声変化の特徴をスロースピードとナチュラルスピードで確認しよう。下記に示したカタカナ表記で音声変化を確認して、もう一度ニュースを聴き直してみよう。発音変化のルールは適宜復習しよう。

2種類の音声を収録

CD 3-39

① **countries** 　　　　　カントゥリーズ　▶　カンチュリーズ
☞ [ntr] の音が [ntʃr] に変化

② **at birth** 　　　　　アット・バース　▶　アッ＿バース
☞ 破裂音 [t] の脱落

③ **water** 　　　　　ウォーター　▶　ウォーダ [ラ] ー
☞ 破裂音 [t] の弾音化

④ **mortality** 　　　　　モウタラティー　▶　モウタラディ [リ] ー
☞ 破裂音 [t] の弾音化

⑤ **with the** 　　　　　ウィズ・ザ　▶　ウィ＿ザ
☞ 重なっている [ð] 音の脱落

⑥ **out by** 　　　　　アウト・バイ　▶　アウ＿バイ
☞ 破裂音 [t] の脱落

⑦ **Italy** 　　　　　イタリー　▶　イダ [ラ] リー
☞ 破裂音 [t] の弾音化

⑧ **not in** 　　　　　ナット・イン　▶　ナッディ [リ] ン
☞ 連結部で破裂音 [t] の弾音化

⑨ **Australia** 　　　　　オーストゥレイリャ　▶　オースチュレイリャ
☞ [str] の音が [stʃr] に変化

⑩ **at the** 　　　　　アット・ザ　▶　アッ＿ザ
☞ 破裂音 [t] の脱落

⑪ **due to** 　　　　　デュー・トゥー　▶　デュードゥ [ル] ー
☞ 破裂音 [t] の弾音化

⑫ **traditional** 　　　　　トラディシャヌル　▶　チュラディシャヌル
☞ [tr] の音が [tʃr] に変化

⑬ **generally** 　　　　　ジェナラリー　▶　ジェンラリー
☞ 曖昧な母音 [ə] の脱落

⑭ **thought to** 　　　　　ソート・トゥー　▶　ソー＿トゥー
☞ 破裂音 [t] の脱落

⑮ **in all** 　　　　　イン・オール　▶　イノール
☞ in の [n] に all が連結。末尾の [l] 音も脱落する場合がある

🔊 ニューズ・リスニング（5回目）

世界でもっとも健康な国々

48

Cheltenham Moves Into 3rd Place
「チェルトンハム、3位の座に」

stage 01・・・穴埋めニュース・リスニング

音声変化に注意してCDでニュースを聴きながら、空欄部分を埋めてみよう。

ニュース音声収録　CD 3-40

Cheltenham ① _____ _____ third place in League Two after two ② _____ half goals ③ _____ _____ a 3-2 ④ _____ over Burton at Glencourt Stadium. The win moved Cheltenham into ⑤ _____ promotion position. Jeremy Low and Arthur Spencer scored the goals which ⑥ _____ their opponents in ninth place. ⑦ _____ _____ games, Port Vale moved ⑧ _____ _____ sixth with a 3-0 home win over Northampton. Tom Pennel, Randy Griffith and Mickey McCombe all ⑨ _____ _____ the scoresheet. The Bristol Rovers ⑩ _____ _____ a Rotherham ⑪ _____ attempt to triumph 5-2, after leading 3-0 in the first half. Rotherham, who ⑫ _____ _____ player dismissed, ⑬ _____ _____ to 3-2, but the Rovers ⑭ _____ _____ to complete an ⑮ _____ win. Scott McGleish ⑯ _____ _____ for The Rovers, the second a penalty.

ニュース・リスニング（1回目）

Stage 02 … ニュース・ボキャビル

ニュースのボキャブラリーを CD で確認しよう。そのあとでもう一度、ニュースのリスニングにチャレンジ。Stage 01 でできなかったところをもう一度聴き取って、穴埋めを完成させよう。

英日 音声収録

CD 3-41

① climb to ...	…（の座）に昇る
② second half	後半
③ victory	勝利
④ automatic	自動的な
⑤ promotion	昇格
⑥ score	（点・ゴールなどを）取る；得点する
⑦ opponent	敵；対戦相手
⑧ ninth place	第9位
⑨ move up to ...	…に上る
⑩ home win	ホームでの勝利
⑪ fight off	勝利する；下す
⑫ comeback	挽回
⑬ attempt	試み
⑭ lead	リードする
⑮ first half	前半
⑯ dismiss	退場させる
⑰ fight back	反撃する
⑱ penalty	ペナルティー（キックの）；反則の

◀)) ニューズ・リスニング（2回目）

チェルトンハム、3位の座に

Stage 03 ... 日本語トランスレーション

🎧 ニュース原稿の日本語を確認してみよう！ その上で、ニュースを聴きながら、まだできていない部分の穴埋めに再チャレンジしよう。

グレンコート・スタジアムで後半に2ゴールを上げ、3対2でバートンを下したチェルトンハムが、リーグ2の第3位に上がりました。この勝利によってチェルトンハムは自動的に昇格できる位置につきました。ジェレミー・ローとアーサー・スペンサーがゴールを決め、対戦相手を9位に突き落としました。そのほかのゲームでは、ポート・ベールがホームで3対0でノーザンプトンに勝ち、第6位に上がりました。トム・ペネル、ランディー・グリフィス、そしてミッキー・マコームの3人はみなスコアシートに載りました。ブリストル・ローバーズは、ローザーハムの挽回へのがんばりを制して5対2で勝利を収めました。ローバーズは前半、3対0でリードしていました。ローザーハムは退場で選手を1人欠きましたが、3対2まで反撃しました。しかし、ローバーズの快進撃が続き圧勝しました。スコット・マクグレイシュはローバーズのために2得点を挙げましたが、2点目はペナルティーでの得点でした。

🔊 ニューズ・リスニング（3回目）

Stage 04 ... 英文トランスクリプシヨン

🎧 ニュース原稿を確認してみよう！ 穴埋め部分の正解をチェックして、英文を理解し直そう。そのあとで、もう一度ニュースを聴いてみよう。

Cheltenham ① climbed to third place in League Two after two ② second half goals ③ gave them a 3-2 ④ victory over Burton at Glencourt Stadium. The win moved Cheltenham into ⑤ automatic promotion position. Jeremy Low and Arthur Spencer scored the goals which ⑥ put their opponents in ninth place. ⑦ In other games, Port Vale moved ⑧ up to sixth with a 3-0 home win over Northampton. Tom Pennel, Randy Griffith and Mickey McCombe all ⑨ got on the scoresheet. The Bristol Rovers ⑩ fought off a Rotherham ⑪ comeback attempt to triumph 5-2, after leading 3-0 in the first half. Rotherham, who ⑫ had a player dismissed, ⑬ fought back to 3-2, but the Rovers ⑭ went on to complete an ⑮ emphatic win. Scott McGleish ⑯ scored twice for The Rovers, the second a penalty.

🔊 ニューズ・リスニング（4回目）

Stage 05 ・・・ 音声変化をチェック

まとめとして、穴埋め部分の音声変化の特徴をスロースピードとナチュラルスピードで確認しよう。下記に示したカタカナ表記で音声変化を確認して、もう一度ニュースを聴き直してみよう。発音変化のルールは適宜復習しよう。

2種類の音声を収録

CD 3-42

① **climbed to** クライムド・トゥー ▶ クライム＿トゥー
☞ 破裂音 [d] の脱落

② **second** セカンド ▶ セカン＿
☞ 末尾の破裂音 [d] の脱落

③ **gave them** ゲイヴ・ゼム ▶ ゲイヴェム
☞ gave の [v] に弱化した them [əm] が連結

④ **victory** ヴィクタァリー ▶ ヴィクチャリー
☞ [t(ə)r] の音が [tʃ(ə)r] に変化

⑤ **automatic** オータマティック ▶ オーダ [ラ] マディ [リ] ック
☞ 2カ所の破裂音 [t] の弾音化

⑥ **put** プット ▶ プッ＿
☞ 末尾の破裂音 [t] の脱落

⑦ **In other** イン・アザー ▶ イナザー
☞ in の [n] に other が連結

⑧ **up to** アップ・トゥー ▶ アッ＿トゥー
☞ 破裂音 [p] の脱落

⑨ **got on** ガット・オン ▶ ガッド [ロ] ン
☞ 連結部で破裂音 [t] の弾音化

⑩ **fought off** フォート・オフ ▶ フォード [ロ] フ
☞ 連結部で破裂音 [t] の弾音化

⑪ **comeback** カムバック ▶ カムバッ＿
☞ 末尾の破裂音 [k] の脱落

⑫ **had a** ハッド・ア ▶ ハッダ [ラ]
☞ had の [d] に a が連結。連結部は弾音化する場合もある

⑬ **fought back** フォート・バック ▶ フォー＿バック
☞ 破裂音 [t] の脱落

⑭ **went on** ウェント・オン ▶ ウェノン
☞ 破裂音 [t] が脱落し、2 語が連結

⑮ **emphatic** インファティック ▶ インファディ [リ] ック
☞ 破裂音 [t] の弾音化

⑯ **scored twice** スコード・トゥワイス ▶ スコー＿トゥワイス
☞ 破裂音 [d] の脱落

🔊 ニューズ・リスニング（5 回目）

49

How Low Can the Dollar Go?
「ドルはどこまで下落するか？」

Stage 01 … 穴埋めニュース・リスニング

音声変化に注意して CD でニュースを聴きながら、空欄部分を埋めてみよう。

ニュース音声収録

CD 3-43

Think the dollar has fallen as ① _____ _____ ② _____ _____ go? Not so fast! That's what I ③ _____ _____ from my ④ _____ with Daniel Skelly. He is the author of the disquieting ⑤ _____ , "Super-inflation in America." Mr. Skelly writes that the U.S. government is ⑥ _____ too much money to pay ⑦ _____ _____ wars, bailouts, jobs initiatives, etc. Eventually, he warns, there ⑧ _____ _____ any buyers for ⑨ _____ _____ money. He warns that when China doesn't need to ⑩ _____ _____ the American economy ⑪ _____ _____ _____ sell its products here, ⑫ _____ _____ eventually lose ⑬ _____ in buying US currency. When that happens, he warns that the dollar will go into free fall. We ⑭ _____ _____ surprised even if the dollar loses half its current value, according to Skelly. "This won't happen overnight," he told me, "but the effects will still be devastating for a U.S. economy already suffering from a recession and a high unemployment rate."

◀)) ニュース・リスニング（1回目）

Stage 02 ··· ニュース・ボキャビル

ニュースのボキャブラリーを CD で確認しよう。そのあとでもう一度、ニュースのリスニングにチャレンジ。Stage 01 でできなかったところをもう一度聴き取って、穴埋めを完成させよう。

英日 音声収録

CD 3-44

① fall	下落する
② Not so fast!	慌てないで！
③ take away from ...	…からもち帰る
④ author	著者
⑤ disquieting	人を不安・動揺・心配にさせる
⑥ inflation	インフレ
⑦ government	政府
⑧ print	印刷する
⑨ bailout	緊急援助
⑩ initiative	（政府などが先導する）施策・計画
⑪ eventually	ゆくゆくは
⑫ warn	警告する
⑬ prop up	支える
⑭ currency	通貨
⑮ free fall	自由落下；暴落
⑯ current value	現在の価値
⑰ overnight	突然；ひと晩のうちに
⑱ devastating	破壊的な；壊滅的な
⑲ suffer from ...	…に苦しむ
⑳ recession	不景気

◀)) ニュース・リスニング（2 回目）

stage 03 … 日本語トランスレーション

🎧 ニュース原稿の日本語を確認してみよう！ その上で、ニュースを聴きながら、まだできていない部分の穴埋めに再チャレンジしよう。

ドルが行き着くところまで下落を続けるとどうなるでしょうか？ ちょっと待ってください！ これこそ私がダニエル・スケリーの取材からもち帰ったものなのです。彼は、人々を震撼させているベストセラー『アメリカのスーパー・インフレーション』を執筆しました。戦費や救済支援、就業支援プログラムなどの支払いのために、アメリカはお金をあまりにも多く発行しすぎているとスケリー氏は書いています。結局は、これほど多額のお金を買ってくれるところはなくなるでしょう、と彼は警告します。自国製品を売るために、アメリカ経済を支えている中国にその必要がなくなったとき、中国は、結局、アメリカ通貨を購入することに興味を示さなくなるでしょう。そうなると、ドル（の価値）は暴落するだろうと彼は言います。ドルが現在の価値の半分に下落しても驚くべきことではないと、スケリーは語ります。「ひと晩で起こることではありませんが、すでに不景気と高失業率に苦しんでいるアメリカ経済にとっての影響は壊滅的なものになるでしょう」と彼は語りました。

🔊 ニュース・リスニング（3回目）

stage 04 … 英文トランスクリプション

🎧 ニュース原稿を確認してみよう！ 穴埋め部分の正解をチェックして、英文を理解し直そう。そのあとで、もう一度ニュースを聴いてみよう。

Think the dollar has fallen as ① far as ② it can go? Not so fast! That's what I ③ took away from my ④ meeting with Daniel Skelly. He is the author of the disquieting ⑤ bestseller, "Super-inflation in America." Mr. Skelly writes that the U.S. government is ⑥ printing too much money to pay ⑦ for its wars, bailouts, jobs initiatives, etc. Eventually, he warns, there ⑧ won't be any buyers for ⑨ all that money. He warns that when China doesn't need to ⑩ prop up the American economy ⑪ in order to sell its products here, ⑫ it will eventually lose ⑬ interest in buying US currency. When that happens, he warns that the dollar will go into free fall. We ⑭ shouldn't be surprised even if the dollar loses half its current value, according to Skelly. "This won't happen overnight," he told me, "but the effects will still be devastating for a U.S. economy already suffering from a recession and a high unemployment rate."

🔊 ニュース・リスニング（4回目）

Stage 05 ・・・ 音声変化をチェック

まとめとして、穴埋め部分の音声変化の特徴をスロースピードとナチュラルスピードで確認しよう。下記に示したカタカナ表記で音声変化を確認して、もう一度ニュースを聴き直してみよう。発音変化のルールは適宜復習しよう。

2種類の音声を収録

CD 3-45

① **far as** ファー・アズ ▶ ファーラズ
　☞ far の [r] 音に as が連結

② **it can** イット・キャン ▶ イッ_キャン
　☞ 破裂音 [t] の脱落。can は弱化して [kən] と発音されることもある

③ **took away** トゥック・アウェイ ▶ トゥッカウェイ
　☞ took の [k] に away が連結

④ **meeting** ミーティング ▶ ミーディ [リ] ン_
　☞ 破裂音 [t] の弾音化。末尾の [g] の脱落

⑤ **bestseller** ベストセラー ▶ ベス_セラー
　☞ 破裂音 [t] の脱落

⑥ **printing** プリンティング ▶ プリニン_
　☞ 破裂音 [t] と [g] の脱落

⑦ **for its** フォー・イッツ ▶ フォーリッツ
　☞ for の [r] 音に its が連結

⑧ **won't be** ウォウント・ビ ▶ ウォウン_ビ
　☞ 破裂音 [t] の脱落。[nt] の音が抜け [ウォウ_ビ] と発音される場合もある

⑨ **all that** オール・ザット ▶ オー_ザッ_
　☞ [l] と破裂音 [t] の脱落

⑩ **prop up** プラップ・アップ ▶ プラッパップ
　☞ prop の [p] 音に up が連結

⑪ **in order to** イン・オーダー・トゥー ▶ イノーダ [ラ] ードゥ [ル] ー
　☞ in と order が連結。order の [d] 音と to の [t] 音が弾音化

⑫ **it will** イット・ウィル ▶ イドゥル
　☞ 短縮形の it'll の [t] 音が弾音化

⑬ **interest** インタラスト ▶ インチャラスト
　☞ [tər] の音が [tʃər] に変化

⑭ **shouldn't be** シュドント・ビ ▶ シュドン_ビ
　☞ 破裂音 [t] の脱落

🔊 ニューズ・リスニング（5回目）

ドルはどこまで下落するか？

Terrorism Plot Foiled
「阻止されたテロ計画」

stage 01 … 穴埋めニュース・リスニング

音声変化に注意してCDでニュースを聴きながら、空欄部分を埋めてみよう。

ニュース音声収録

Police successfully stopped a suspected terrorist plan to carry ① _____ _____ bomb attack in the Indian capital of New Delhi. Acting ② _____ _____ tip, officers found explosives and ③ _____ ④ _____ _____ car in the north of the ⑤ _____ , officials announced Thursday. The explosives were discovered ⑥ _____ _____ car parked ⑦ _____ _____ railway station in the northern ⑧ _____ _____ Haryana, about ⑨ _____ kilometers north of New Delhi. The materials for the bombs were found late Wednesday evening after police in the capital warned the Haryana police after receiving a tip-off. The police commissioner said the explosives were ⑩ _____ likely ⑪ _____ _____ Haryana by a Pakistan-based Islamist militant group. They were ⑫ _____ _____ be ⑬ _____ in Delhi. ⑭ _____ and towns across India, ⑮ _____ the capital New Delhi and financial center Mumbai, have been bombing targets often in the past.

◀)) ニュース・リスニング（1回目）

Stage 02 ニュース・ボキャビル

ニュースのボキャブラリーを CD で確認しよう。そのあとでもう一度、ニュースのリスニングにチャレンジ。Stage 01 でできなかったところをもう一度聴き取って、穴埋めを完成させよう。

英日 音声収録

CD 3-47

①	successfully	成功裏に
②	suspected	容疑のかかった；疑いのある
③	terrorist	テロリスト
④	carry out	遂行する；行う
⑤	bomb attack	爆撃；爆弾による攻撃
⑥	capital	首都
⑦	act on a tip	秘密情報に基づいて捜査する
⑧	explosive	爆発物
⑨	detonator	起爆装置
⑩	announce	発表する
⑪	material	材料；構成要素；器具
⑫	warn	警告する
⑬	tip-off	密告
⑭	commissioner	警察本部長；警視総監
⑮	be taken into ...	…に持ち込まれる
⑯	Pakistan-based	パキスタンに本拠を置く
⑰	militant group	武装グループ
⑱	mean to ...	…するつもりである
⑲	financial center	経済の中心地
⑳	target	標的；ターゲット

◀)) ニュース・リスニング（2 回目）

stage 03 … 日本語トランスレーション

🎧 ニュース原稿の日本語を確認してみよう！ その上で、ニュースを聴きながら、まだできていない部分の穴埋めに再チャレンジしよう。

警察が、疑われていたテロリストの計画を防ぎました。インドの首都ニューデリーで、爆弾攻撃をしようとの企みでした。密告を受けて行動した警官たちが爆発物と起爆装置をインド北部で車中から発見したと、木曜日に当局が発表しました。爆発物は、ニューデリーの北約230キロに位置する北方のハリャナ州の駅の外に駐車されていた車の中から発見されました。爆弾の部品は、密告を受けた首都警察がハリャナ警察に警告を発したあと、水曜の夜遅くに発見されました。爆発物はおそらくパキスタンに本拠を置くイスラム武装勢力によってハリャナにもち込まれたものだろうと警察本部長は語りました。デリーで爆発させる目論見だった模様です。インド中の都市や街、特に首都であるニューデリーや経済の中心であるムンバイは、過去にもしばしば爆撃のターゲットとなっていました。

🔊 ニュース・リスニング（3回目）

stage 04 … 英文トランスクリプション

🎧 ニュース原稿を確認してみよう！ 穴埋め部分の正解をチェックして、英文を理解し直そう。そのあとで、もう一度ニュースを聴いてみよう。

Police successfully stopped a suspected terrorist plan to carry ① out a bomb attack in the Indian capital of New Delhi. Acting ② on a tip, officers found explosives and ③ detonators ④ in a car in the north of the ⑤ country, officials announced Thursday. The explosives were discovered ⑥ in a car parked ⑦ outside a railway station in the northern ⑧ state of Haryana, about ⑨ 230 kilometers north of New Delhi. The materials for the bombs were found late Wednesday evening after police in the capital warned the Haryana police after receiving a tip-off. The police commissioner said the explosives were ⑩ most likely ⑪ taken into Haryana by a Pakistan-based Islamist militant group. They were ⑫ meant to be ⑬ detonated in Delhi. ⑭ Cities and towns across India, ⑮ especially the capital New Delhi and financial center Mumbai, have been bombing targets often in the past.

🔊 ニュース・リスニング（4回目）

Stage 05 … 音声変化をチェック

まとめとして、穴埋め部分の音声変化の特徴をスロースピードとナチュラルスピードで確認しよう。下記に示したカタカナ表記で音声変化を確認して、もう一度ニュースを聴き直してみよう。発音変化のルールは適宜復習しよう。

2種類の音声を収録

CD 3-48

① **out a** アウト・ア ▶ アウダ [ラ]
　☞ 連結部で破裂音 [t] の弾音化

② **on a** オン・ア ▶ オナ
　☞ on の [n] 音に a が連結

③ **detonators** デタネイターズ ▶ デダ [ラ] ネイダ [ラ] ーズ
　☞ 2カ所で破裂音 [t] の弾音化

④ **in a** イン・ア ▶ イナ
　☞ in の [n] 音に a が連結

⑤ **country** カントゥリー ▶ カンチュリー
　☞ [ntr] の音が [ntʃr] に変化

⑥ **in a** イン・ア ▶ イナ
　☞ in の [n] 音に a が連結

⑦ **outside a** アウトサイド・ア ▶ アウ_サイダ [ラ]
　☞ 破裂音 [t] の脱落。連結部で破裂音 [d] の弾音化

⑧ **state of** ステイト・アヴ ▶ ステイダ [ラ] ヴ
　☞ 連結部で破裂音 [t] の弾音化

⑨ **230** トゥーハンドレッド・サーティー ▶ トゥーハンドレッドサーディ [リ] ー
　☞ 破裂音 [t] の弾音化

⑩ **most** モウスト ▶ モウス_
　☞ 末尾の破裂音 [t] の脱落

⑪ **taken into** テイカン・イントゥー ▶ テイカニントゥー
　☞ taken の [n] 音に into が連結

⑫ **meant to** メント・トゥー ▶ メン_トゥー
　☞ 破裂音 [t] の脱落

⑬ **detonated** デタネイティッド ▶ デタネイディ [リ] ッド
　☞ 破裂音 [t] の弾音化

⑭ **Cities** シティーズ ▶ シディ [リ] ーズ
　☞ 破裂音 [t] の弾音化

⑮ **especially** イスペシャリー ▶ _スペシャリー
　☞ 頭の [ɪ] 音の脱落

◀)) ニューズ・リスニング (5回目)

阻止されたテロ計画 … 209

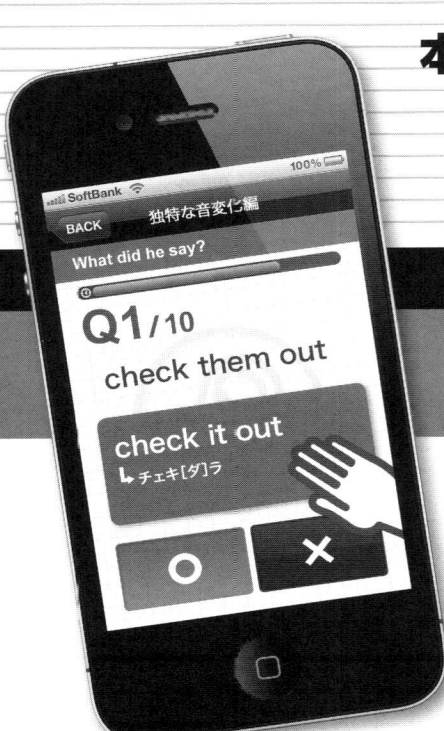

本で学んだことを通勤通学中に気軽にチェック！

書籍版との併用でさらに効果的に『英語の耳』をマスターしよう！

iPhone版アプリ 『英語の耳』になる！

大好評
「『英語の耳』になる!」シリーズから**アプリ**が新登場

Appストアで　Ｑ 英語の耳になる　で検索！

あなたの耳は何イヤー？
▶▶▶聴き取り○×クイズ

書籍版にはない5つのテーマで約400問を収録。
あなたの苦手なフレーズを自動で判定、問題をカスタマイズします。
テストは1回たったの1分半程度。
繰り返しクイズをするうちにいつのまにか『英語の耳』に！

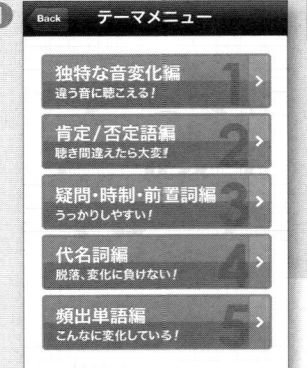

① テーマメニュー
- 独特な音変化編 — 違う音に聴こえる！
- 肯定/否定語編 — 聴き間違えたら大変！
- 疑問・時制・前置詞編 — うっかりしやすい！
- 代名詞編 — 脱落、変化に負けない！
- 頻出単語編 — こんなに変化している！

② 音声を聴いて…　♪チェキラ

＜センテンス編＞は聴き取りポイントがブランクに。▶

＊フレーズ編＊
フレーズの聴き取りクイズで耳慣らし。「can be＝キャビ」など、2、3語単位の音変化クイズです。

＊センテンス編＊
音変化に耳が慣れたらセンテンスでの聴き取りクイズに挑戦。聴き取りポイントの音声が、表示されるフレーズと合っているかを○×で答えます。

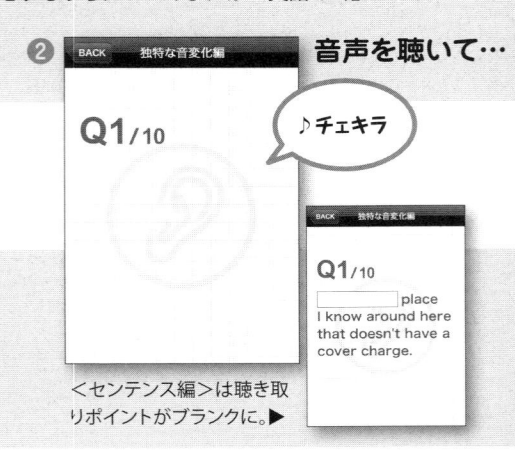

発売中！

最新情報は：http://www.sanshusha.co.jp/

じっくりトレーニングしたい人は ▶▶▶ 耳慣らしトレーニング

クイズで使われているフレーズを含む豊富な例文を約900収録。
どういう仕組みで音が消えたり変化したりするのかについての詳しい解説付き。
音声は画面を消したロック状態でも再生可能。
連続再生モードもあるので、電車の中などでの聴き流しトレーニングに便利です。

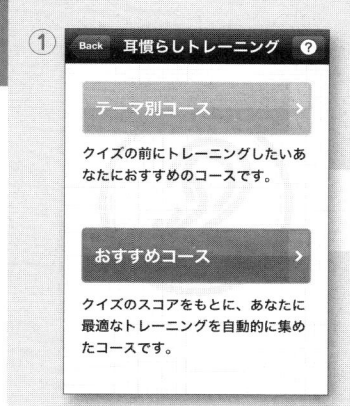

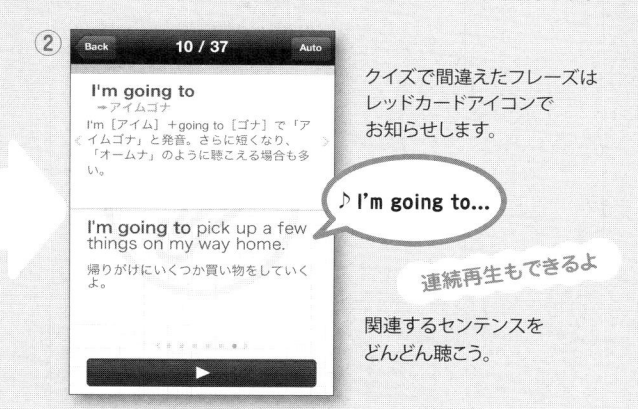

クイズで間違えたフレーズは
レッドカードアイコンで
お知らせします。

♪ I'm going to...

連続再生もできるよ

関連するセンテンスを
どんどん聴こう。

表示される
フレーズと
合っているかを
○×でタップ！
制限時間は5秒！

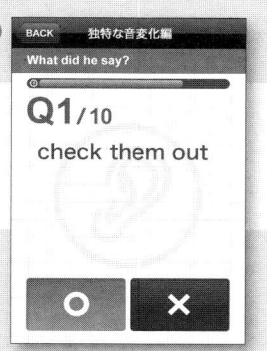

不正解時はレッドカードが
正答を表示します。
これを繰り返すだけ！

♪ブブー

まちがえたら
ふるえるよ

＜正解時＞

♪ピンポーン

最後にあなたの
『英語の耳』を6段階で判定！

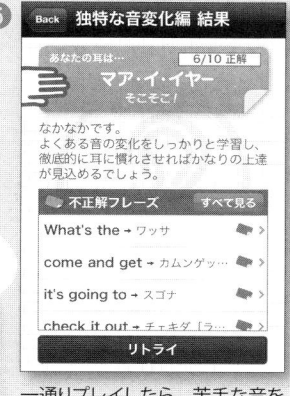

一通りプレイしたら、苦手な音を
自動解析。あなただけの苦手メ
ニューで繰り返しプレイできます。
繰り返せば繰り返すほど『英語
の耳』力がアップします！

■ 著者略歴

長尾 和夫（Kazuo Nagao）

福岡県出身。南雲堂出版、アスク講談社、NOVA などで、大学英語教科書や語学系書籍・CD-ROM・Web サイトなどの編集・制作・執筆に携わる。現在、語学書籍の出版プロデュース・執筆・編集・翻訳などを行うアルファ・プラス・カフェ（www.alphapluscafe.com）を主宰。『つぶやき英語』『カンタン英会話パターン 88』（アスク出版）、『絶対『英語の耳』になる！リスニング 50 のルール ①〜⑤ 巻』（三修社）、『起きてから寝るまで英会話口慣らし練習帳（完全改訂版）』（アルク）、『英会話 見たまま練習帳』（DHC）、『英語で自分をアピールできますか？』（角川グループパブリッシング）、『ネイティブ英語がこう聞こえたら、この英語だ！』（主婦の友社）ほか、著訳書・編書は 200 点余りに及ぶ。『English Journal』（アルク）、『CNN English Express』（朝日出版社）など、雑誌媒体への寄稿も行っている。

アンディ・バーガー（Andy Boerger）

米国出身。オハイオ州立大学で BFA を取得。横浜国立大学講師。サイマルアカデミー CTC（Simul Academy Corporate Training Center）、アルク、タイムライフなどでの英会話講師経験を活かし、A+Café（アルファ・プラス・カフェ）の主要メンバーとして、多岐にわたる語学書籍の執筆に活躍中。主著に、『聴こえる！話せる！ネイティヴ英語発音の法則』『ネイティヴみたいに主張する！ 激論 English』（DHC）、『英文メールとにかく 100 語で書いてみる』（すばる舎）、『英語で返事ができますか？』（角川グループパブリッシング）、『ビジネスパワー英語入門 243』（PHP 研究所）などがある。

絶対『英語の耳』になる！ NEWSリスニング 超難関トレーニング50

2012 年 2 月 10 日　第 1 版発行

著　者	長尾和夫　アンディ・バーガー
発行者	前田俊秀
発行所	株式会社三修社

〒 150-0001　東京都渋谷区神宮前 2-2-22
TEL 03-3405-4511　FAX 03-3405-4522
振替 00190-9-72758
http://www.sanshusha.co.jp/
編集担当　北村英治

印刷・製本　壮光舎印刷株式会社

©2012 A+Café　Printed in Japan
ISBN978-4-384-04464-5 C2082

®〈日本複写権センター委託出版物〉
本書を無断で複写複製（コピー）することは、著作権法上の例外を除き、禁じられています。
本書をコピーされる場合は、事前に日本複写権センター（JRRC）の許諾を受けてください。
JRRC〈http://www.rrc.or.jp　e-mail : info@jrrc.or.jp　電話：03-3401-2382〉